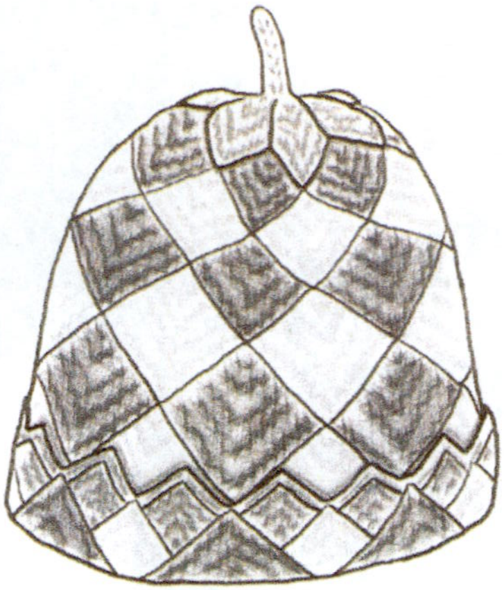

スタート　1段め

3

3段め

裏返して25目拾う

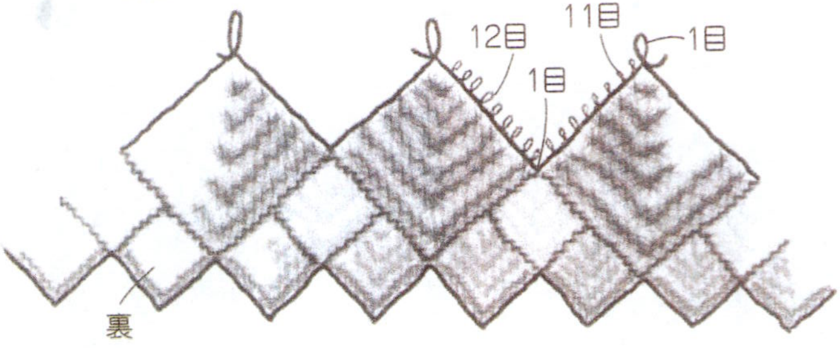
12目
11目
1目
1目
裏

4段め

23目拾う

11目
10目
1目
3段め

Flower Cap ☞ P.15

ジグザグブリムキャップ

Motif NO.1

◆**材料**

フォープライ　黒(353)25g、グレー(370)25g、れんが色(330)5g、あずき色(332)5g

◆**用具**

3号棒針

◆**モチーフ**

使用モチーフ：NO.1

目数：25目、23目、21目、19目、17目、15目、13目

モチーフサイズ：4.7～2.4cm角

◆**作り方**

＊まずれんが色で13目作り目をして1段編み、あとはあずき色で編む。このモチーフを2枚ずつ13目のグレーのモチーフとつないだものを7枚編む。

＊2段めは25目のモチーフを黒で、35ページのように輪に編みつなぐ。

＊3段めは2段めまで編んだものを裏返しにして25目拾って編む。9段めまで、同じように毎段目を減らしながらモチーフを編んでいく。

＊トップはモチーフの最後の目を針にとり、4cm表メリヤス編みをしてとじる。9段めのモチーフははぎ合わせず、そのままにしておく。

キャップの製図

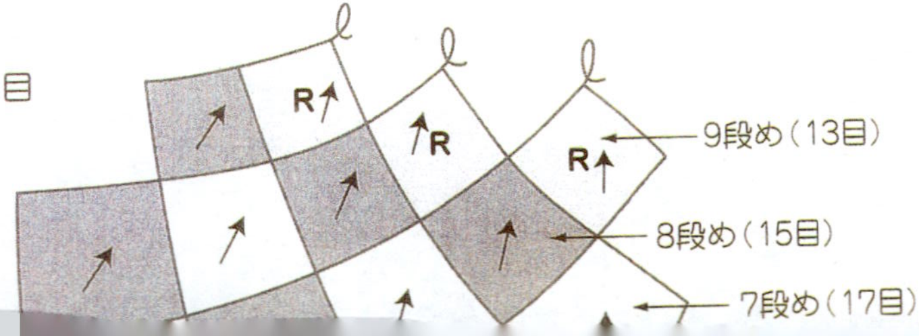
R
R
R
9段め（13目）
8段め（15目）
7段め（17目）

三角の編み方

D（焦げ茶色）で三角を編む

24目から23目ずつ拾って三角を編む（1目残しておく）

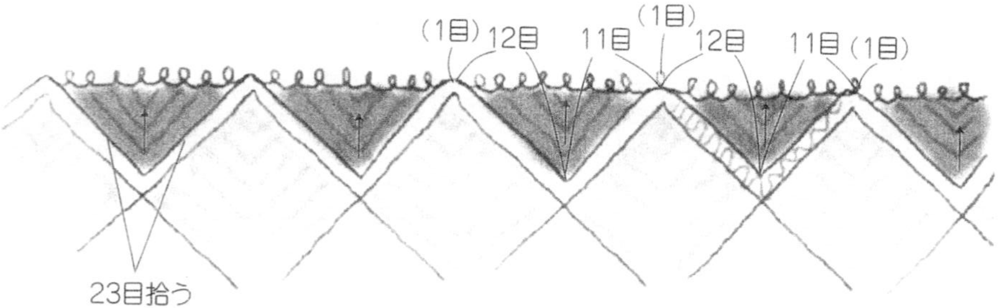

(1目)
12目
11目
(1目)
12目
11目
(1目)
23目拾う

縁編み

Dで縁編みをする（表メリヤス編みで輪編み）
全体で272目拾って6段編み、ゆるく伏止めする

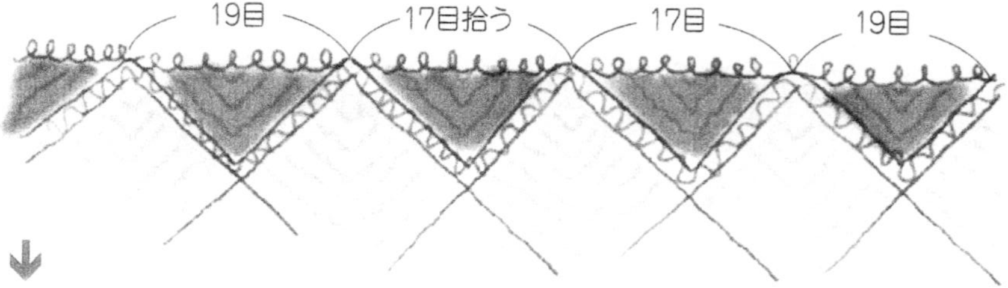

19目
17目拾う
17目
19目

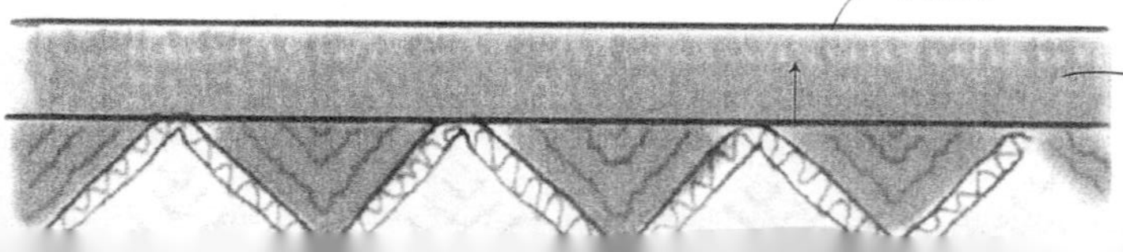

伏止め
6段表メリヤス編み

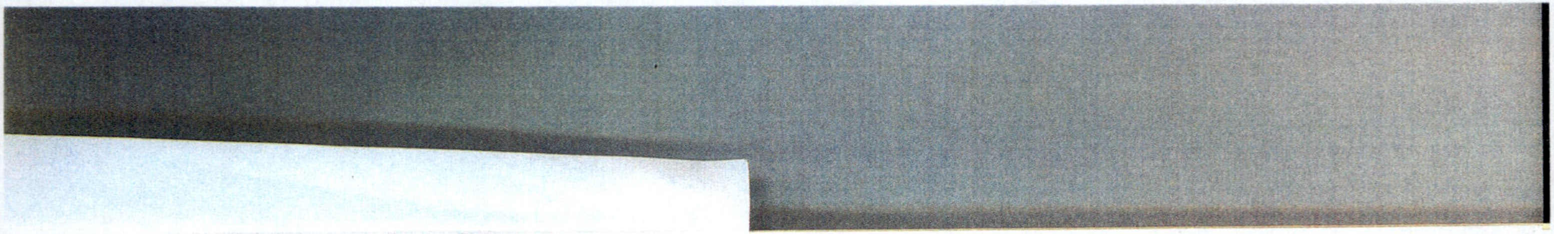

・輪に編みつなぐ

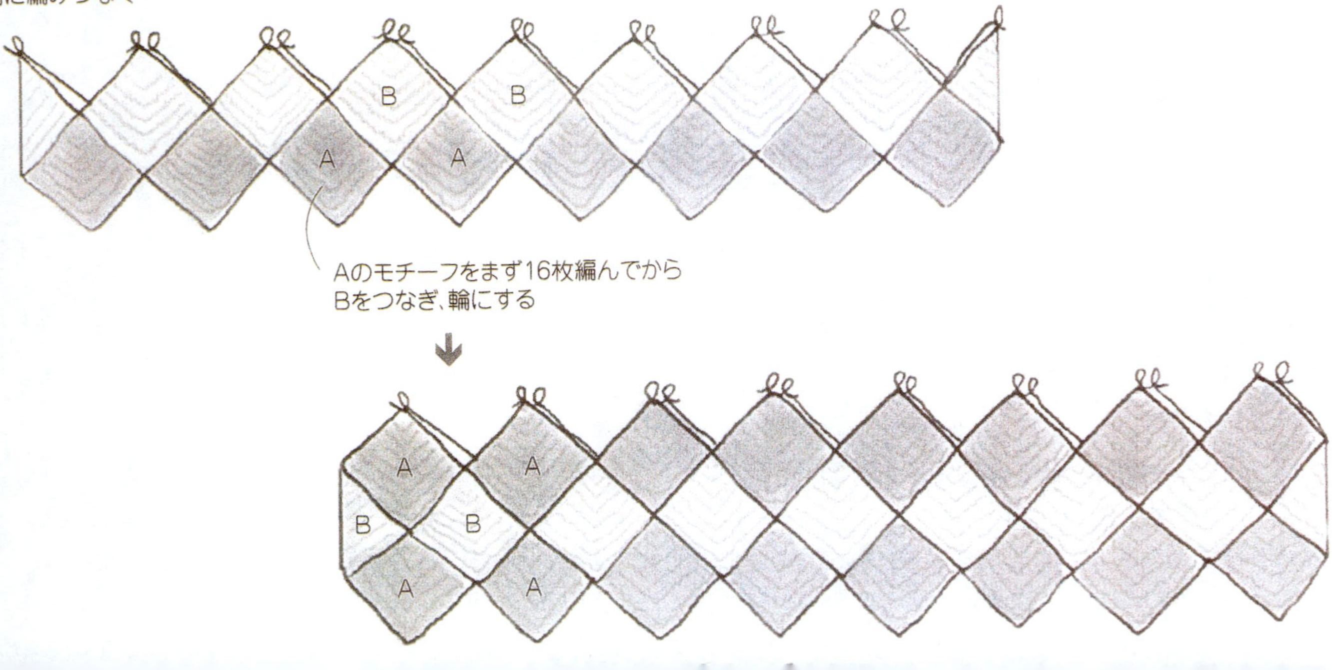
B
B
A
A
Aのモチーフをまず16枚編んでから
Bをつなぎ、輪にする
A
A
B
B
A
A

Scarf and shawl in one ☞P.28

巻き方いろいろふわふわショール

Motif NO.1

◆**材料**

スイングモヘア　紺(18)30g、ブルー(15)15g、ペパーミントグリーン(7)10g、焦げ茶色(19)12g

◆**用具**

3号棒針、3号輪針

◆**モチーフ**

使用モチーフ：NO.1

目数：23目

モチーフサイズ：5.5cm角

◆**作り方**

を16枚編んでおき、35ページを参照して

＊全体に5段編んだら、ペパーミントグリーンで輪針を使って1山から24目ずつ拾う(全部で384目)。

＊1段めと3段めは裏メリヤス編みで、2段めの表メリヤス編みのとき、谷の部分では3目一度、山の部分では2目増し目をする。

＊縁の三角は1山から23目ずつ拾って編む。

＊最後に焦げ茶色で、全体で272目拾って6段表メリヤス編みで輪に編み、ゆるく伏止めする。

ブルーと編みつないで輪にする。

製図

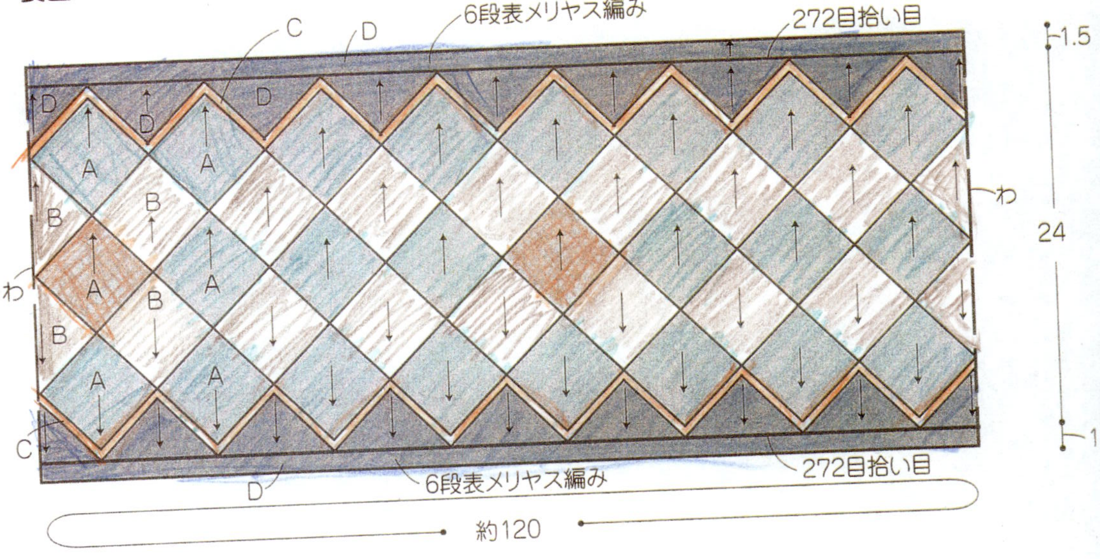

C
D
6段表メリヤス編み
272目拾い目
1.5
24
1
わ
A
B
272目拾い目
6段表メリヤス編み
約120

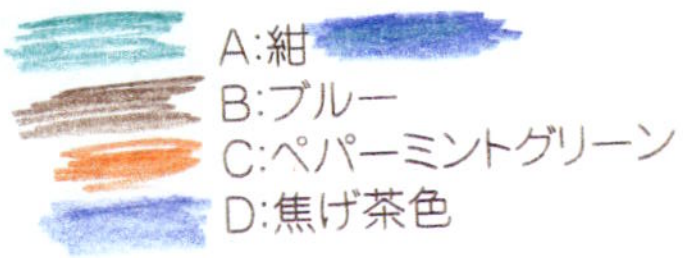

A:紺
B:ブルー
C:ペパーミントグリーン
D:焦げ茶色

C（ペパーミントグリーン）で4段編む
各三角から23目＋1目（○）拾う

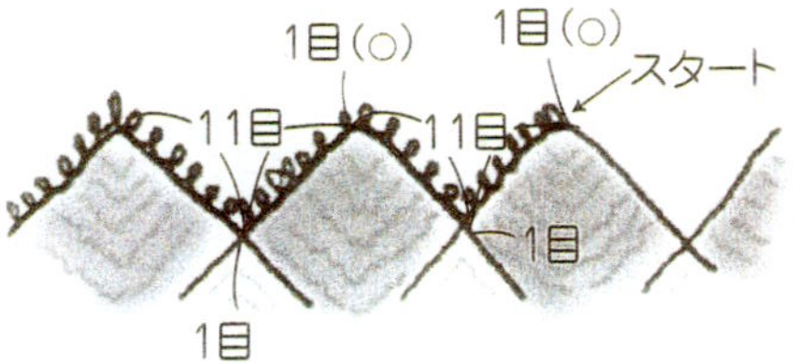
1目（○）
1目（○）
スタート
11目
11目
1目
1目

全体で384目拾う

ペパーミントグリーン2山（4段）の編み方

Cの1段めと3段めは裏メリヤス編み、
2段めと4段めは表メリヤス編み

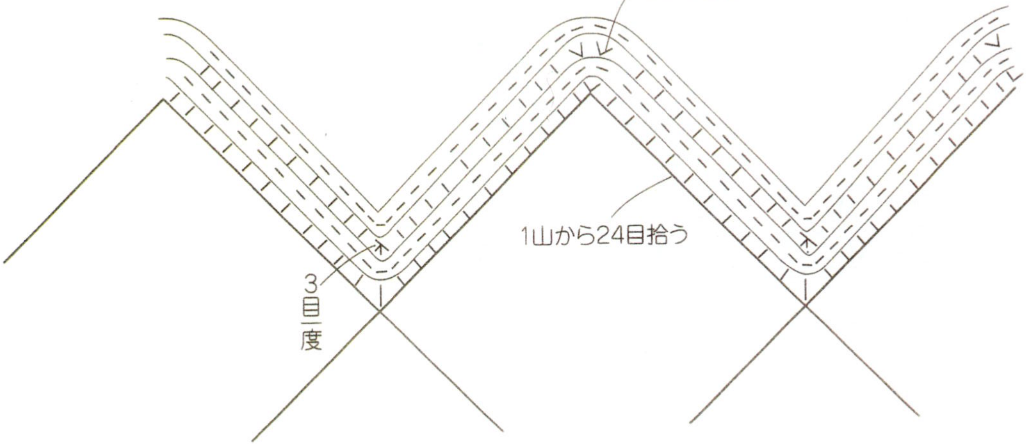
2目増し目
1山から24目拾う
3目一度

反対側も同様に編む

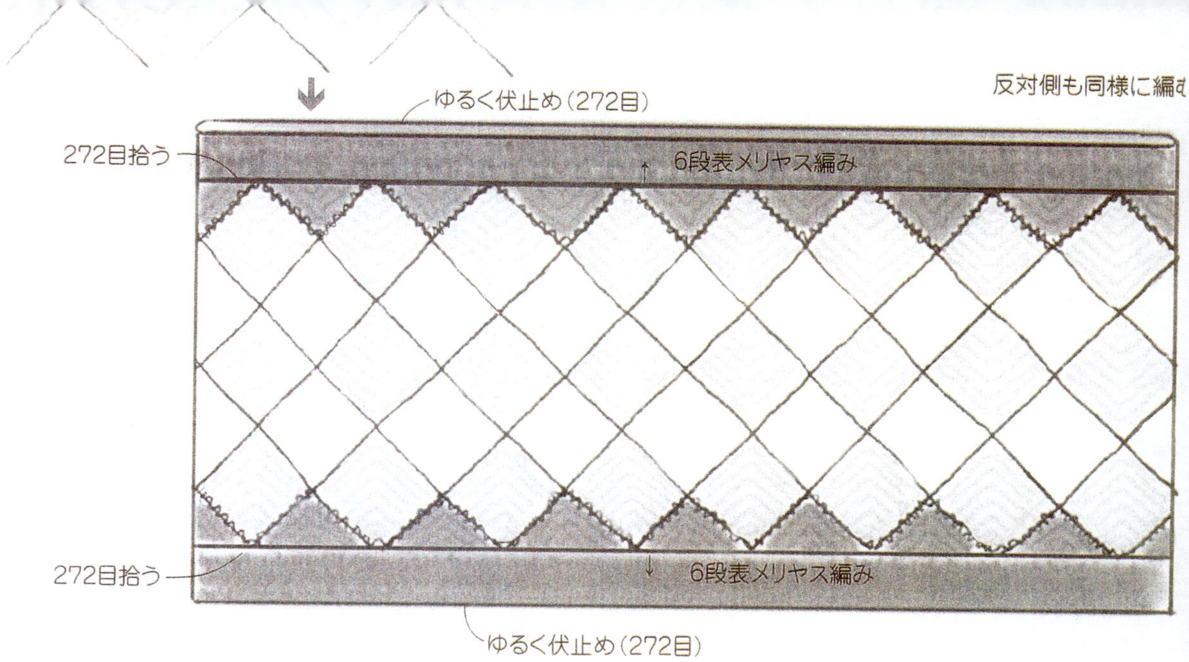
ゆるく伏止め（272目）
272目拾う
6段表メリヤス編み
272目拾う
6段表メリヤス編み
ゆるく伏止め（272目）

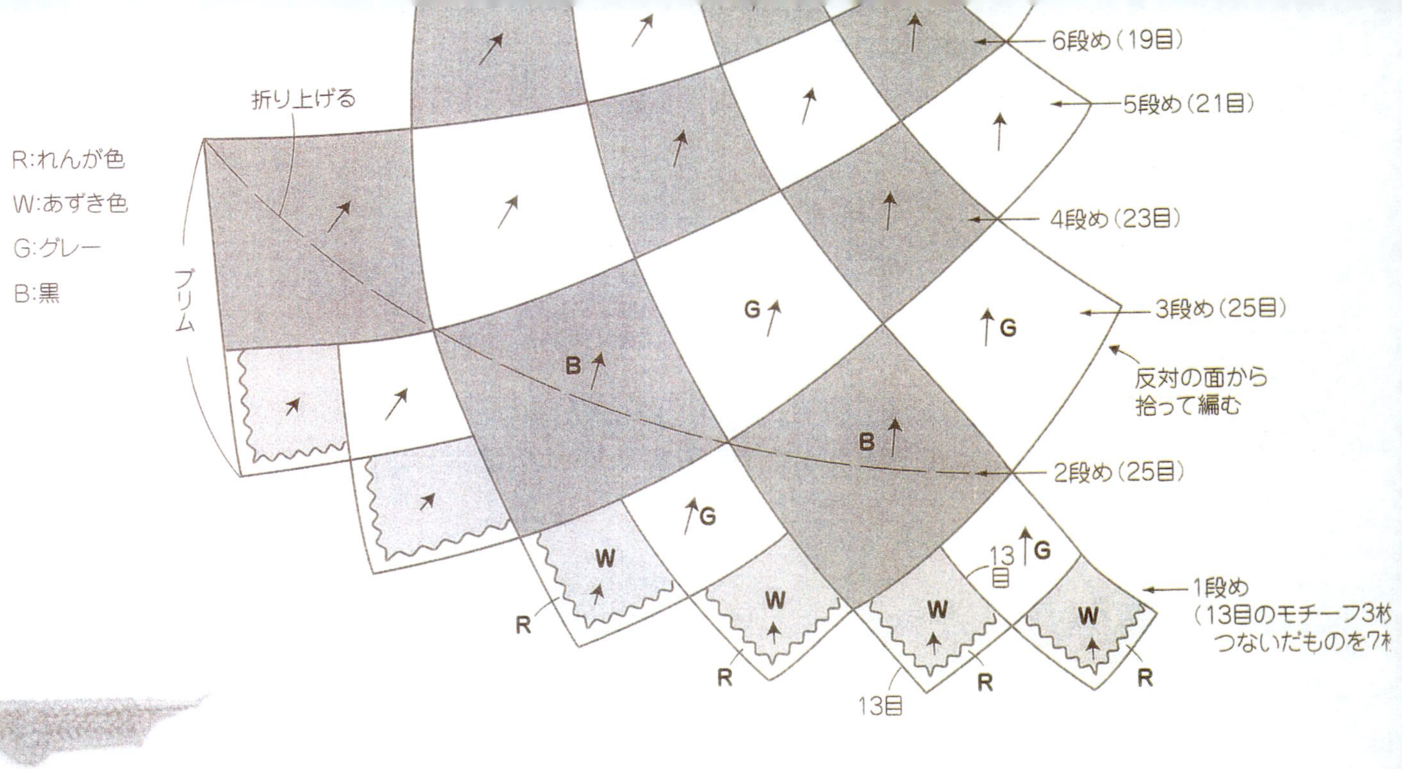
R:れんが色
W:あずき色
G:グレー
B:黒
折り上げる
ブリム
6段め（19目）
5段め（21目）
4段め（23目）
3段め（25目）
反対の面から
拾って編む
2段め（25目）
1段め
（13目のモチーフ3枚
つないだものを7
13目
13目
B
B
G
G
G
G
W
W
W
W
R
R
R
R

っておく

1
2

2段め

25目拾う

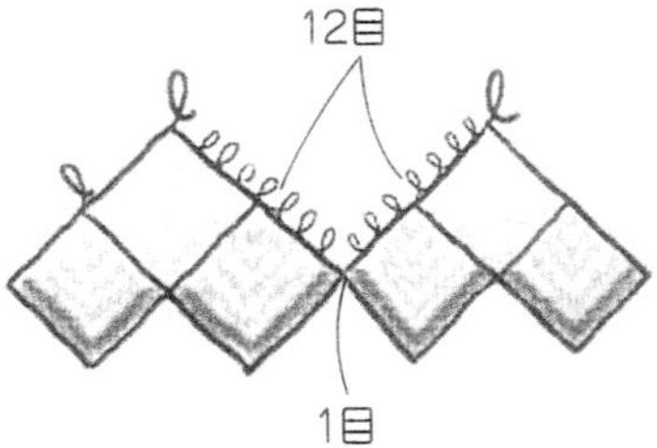
12目
1目

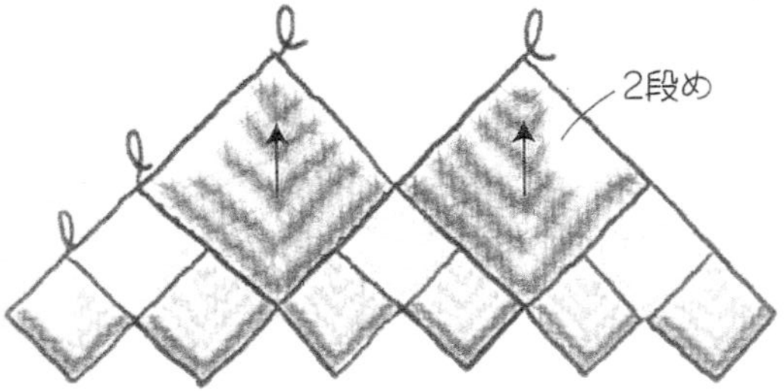
2段め

表
裏

トップの編み方

最後のループ(7目)を針にとる

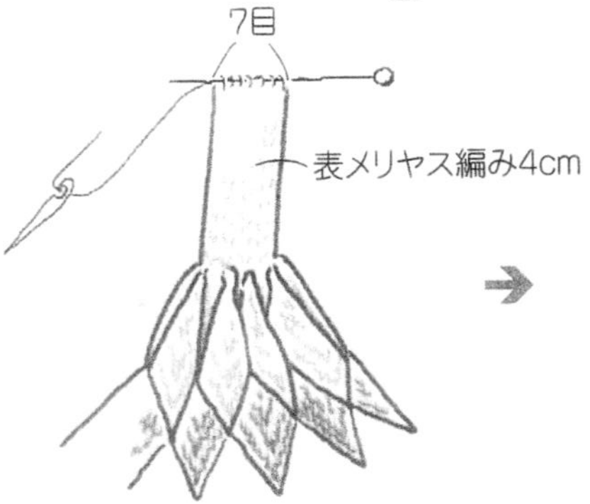
7目
表メリヤス編み4cm

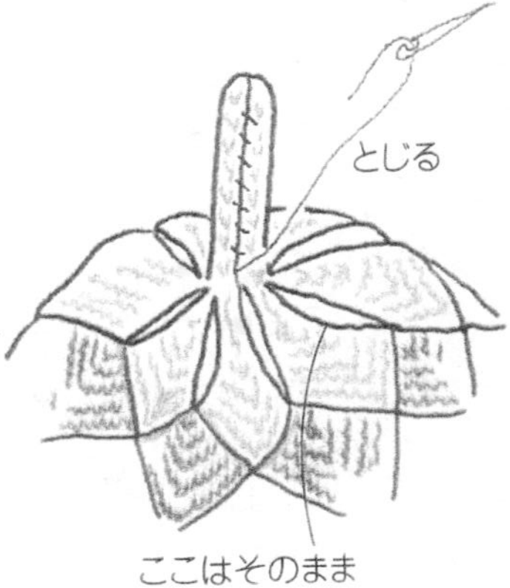
とじる
ここはそのまま

ヴィヴィアンの
楽しい
ドミノ編み

Domino-Knitting

by Vivian Høxbro

監修　林ことみ

文化出版局

Dear Japanese Knitters!

I am so pleased to get this opportunity
of sharing DOMINO-Knitting with you.
10 years of knitting the DOMINO-way
has given me so much joy - which I
hereby pass on to you.
So... give DOMINO a chance!
Once you get started - you will never stop.

Happy Knitting
from
Vivian Høxbro

日本の編み物ファンの皆さんへ!
皆さんにドミノ編みをご紹介することができて、とてもうれしいです。
10年間ドミノ編みを続ける中で、私が味わった多くの喜びを、
この本に託して皆さんにお届けします。
なにはともあれ、まずはドミノ編みをお試しあれ!
始めたが最後……きっとやめられなくなりますよ。
楽しんで編みましょう!

Vivian Høxbro

Contents

＊この本に掲載した作品はすべてハマナカ(株)の毛糸を使用しています。
お問合せは、京都本社Tel.075-463-5151　東京支社Tel.03-3864-5151までご連絡ください。

Story of Domino
ドミノ編みのお話

日本ではなじみのない名前の編み物ですが、どこかで見たことがあると感じる方も多いのではないでしょうか。というのも、100年以上前から用いられている手法で、フェロー諸島ではストール、カナダやイギリスではベッドカバーが作られていました。

本書の著者であるヴィヴィアンさんは、この編み方と約10年前、ドイツの手工芸展で出会いました。会場で人だかりのしていたコーナーで実演されていたのが、この編み物でした。編んでいたのはドイツ人デザイナーのホルスト・シュルツさん。ヴィヴィアンさんはすっかり魅了され、彼の講習会に参加するためにベルリンまで出かけて、デンマークに持ち帰りました。ドイツでは"ノイエシュトリッケ（新しい編み物）"と呼ばれていますが、デンマークでは、編み物作家たちが主催するニット協会でこのテクニックの名前を募集したところ、ドミノゲームのようにたくさんの同じ形をしたピースを並べていくイメージから"ドミノ編み（ドミノシュトリッケ）"という楽しい名前がつきました。

ドミノ編みの魅力は、小さなパーツを短い編み針で編みつなぎ、いつの間にか作品が上へ横へと広がっていくところです。ですから編み物初心者にも、編み物ファンにも楽しめます。

ヴィヴィアンさんの作品は北欧らしくシンプルにと心がけて製作されていますが、たくさんの可能性を持ったドミノ編みは、どなたでも自分なりのデザインができる編み物です。一度始めたら、ついつい夢中になってしまうにちがいありません。

Basics of Domino-Knitting

基本モチーフの編み方

モチーフの作り目は必ず奇数にします。編み方は表メリヤス編みを繰り返してできる、ガーター編みです。

ガーター編みは表メリヤス編みを2段編んで1山ができます。この1山ごとに減し目(3目一度)をして、最後に1目になるまで繰り返すと四角いモチーフができます。注意したい点は、減し目をする位置を間違えないことです。

"針に残っている目数－3目"の半分の目数を編んだところで減し目をします。これさえ覚えておけば、どんなサイズのモチーフも同じです。

＊3目一度とは、すべり目をして次に2目一度に編みます。そして、すべり目を2目一度で編んだ目にかぶせます。これで2目減し目ができます(8ページ参照)。

The basic motif shown is a square created with garter stitch, the stitch pattern of all knits.

A square is formed by decreasing stitches at the center of every right side row until one stitch remains. Be careful not to miss the position at which you decrease. This rule applies to any size of squares.

* sl 1, k2tog, psso - slip1st, knit 2sts together, pass slipped st over (see page 8).

See page 79 for knitting abbreviations.

Motif NO.1
Basic Square

25目作る。
1段め：表メリヤス編み24目、最後は裏メリヤス編み1目。
2段め：1目すべり目、10目表メリヤス編み、3目一度、
10目表メリヤス編み、1目裏メリヤス編み。
3段め：1目すべり目、21目表メリヤス編み、1目裏メリヤス編み。
4段め：1目すべり目、9目表メリヤス編み、3目一度、
9目表メリヤス編み、1目裏メリヤス編み。
5段め：1目すべり目、19目表メリヤス編み、1目裏メリヤス編み。
＊2山めからは、最初の目はすべり目、最後の目は裏メリヤス編みにする。
そして1山の最初の段を編むときに中央で減し目をする。これを繰り返す。
22段め：1目すべり目、3目一度、1目裏メリヤス編み。
23段め：1目すべり目、1目表メリヤス編み、1目裏メリヤス編み。
24段め：3目一度。
糸を切り、最後のループにゆるく通しておく。

Cast on (K-CO) 25 sts (pg 11).
Row 1 (WS): K24, p1 (edge-st).
Row 2 (RS): Sl 1 (edge-st), k10, sl 1, k2tog, psso, k10, p1 (edge-st).
Row 3: Sl 1, k21, p1.
Row 4: Sl 1, k9, sl 1, k2tog, psso, k9, p1.
Row 5: Sl 1, k19, p1.
Rep row 4 and 5 decreasing at the center of all even-numbered rows (RS) with still less sts on needle until 3 sts rem.
Row 22 (RS): Sl 1, k2tog, psso, p1.
Row 23: Sl 1, k1, p1.
Row 24: Sl 1, k2tog, psso.
Cut yarn and pull it loosely through the last loop.

ドミノ編み用の編み針は短いものがベスト。市販の玉つき2本棒でもいいが、できれば、短い5本棒にキャップをつけるか、写真のようにウッドビーズをつけてオリジナル針を作るといい。
Short single pointed needles work best for Domino knitting. You can also use short (8") double pointed needles, adding a wooden bead at one end of each, as shown in the photo.

1

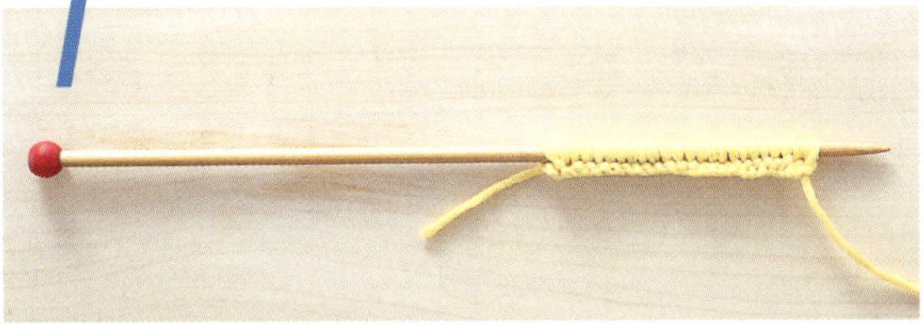

25目作り目をする。作り目は奇数なら何目でもいいので、必要なサイズの目数を決める。作り目の方法は11ページを参照。
K-CO 25 sts. The number of sts can vary as long as it is an odd number of sts. Decide the number of sts for the required size. See page 11 for K-CO.

2

表メリヤス編みをする。編み方は76ページを参照。
Row 1 (WS): Knit until the last st. See page 76 for this technique.

3

最後の1目は裏メリヤス編みにする。編み方は76ページを参照。
Purl the last st. See page 76 for this technique.

4

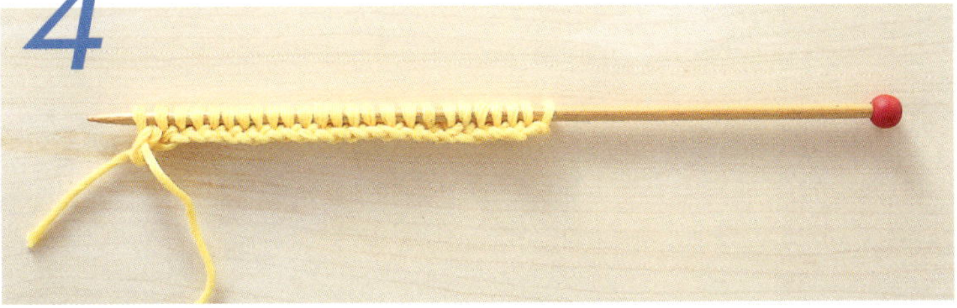

1段めが編めたところ。こちらはモチーフの裏側になる。
The first row is now completed. This is the wrong side (WS) of the row.

5

2段めからは最初の目をすべり目にする。編み方は76ページを参照。
Row 2 (RS): Slip 1 st knitwise (pg 76)

ドミノ編みのポイント
3目一度
Sl 1, k2tog, psso

6

表メリヤス編みを10目編んだら、次に1目すべり目をする。編み方は76ページを参照。
K10, then slip 1 st knitwise,(pg 76)

7

次の2目は一度に編む(左上2目一度)。左側の編み目に針を差し込んで2目一緒に表メリヤス編みにする。
knit 2 sts together,

8

右の針に移してあったすべり目1目を、今編んだ目にかぶせる(かぶせ目)。
pass the slipped stitch over the stitch just worked.

9

2段めの最後は裏編みをする(編み目は23目になる)。3段めは1段めと同じように編む。
Knit until the last st, purl last st to finish 2nd row. Since 2 sts has been decreased, 23 sts are left on the needle. Row 3:(WS): Same as row 1.

10

偶数段ごとに減し目をして編み進む。
Continue in this way, decreasing sts on every even numbered (RS) row.

11

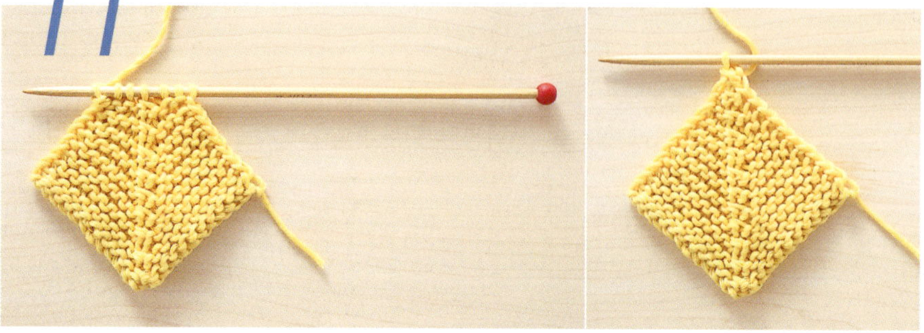

1目残ったところで糸をカットして、残り目のループに糸をゆるく通す(続けて編む場合は糸を切らずに次のモチーフを編む)。これで完成。
When only 1 sts is left, cut yarn and pull the yarn loosely through the last loop - or continue knitting the next square without cutting. One square is completed.

Motif Variations

モチーフバリエーション

基本のモチーフをマスターすると、いろいろなバリエーションが楽しめます。基本の無地と合わせれば、自分だけのデザインにすることも簡単です。

Once you have mastered the basic square, you can go on varying it by combining the basic squares with simple patterns as follows. You can easily create your own original designs.

Motif **NO.2**

ストライプ編み Stripe

1

黄色で作り目をして１段めを編んだら、糸を水色に替えて基本のモチーフと同じように減し目をして２段めを編む。
K-CO and knit 1 row with yellow, then change color and knit 2 rows of blue (Note! decrease at the center of the 1st blue row).

2

水色が１山編めたところ。これを繰り返してストライプ柄を作る。
Continue in this way with 2 rows of yellow alternating with 2 rows of blue to produce a striped pattern.

Motif **NO.3**

ワンストライプ

１山だけ別糸で編む。25ページのパールの編込みモチーフは、この段にパールを編み込んだもの。
Single stripe: Only 2 rows (here 2nd and 3rd) are knitted with a different color. To vary it you can add pearls into the 2nd row as shown on page 25.

Motif **NO.4**

ワンストライプバリエーション

ワンストライプを編んだ後、残りを別の糸で編んだもの。19ページのペンケースに使用。
Single striped variation: After knitting 1 stripe knit the rest of the square with a different color. This pattern is used for the pen case shown on page 19.

Motif **NO.5**

ポルカドット

9〜11目残った段で糸を替えて編む。これをつなぐとポルカドットのように見える。12、13、23ページの作品に使用。
Polka Dot: Change color on a RS-row when about 9-11 sts rem. Finish the square with this color. When these squares are joined, you will see a polka dot look as shown on page 12,13 and 23.

引上げ柄編み *Mosaic*

ガーター編みならではの編み方。小さなドット柄ができる。4の倍数＋1目の段で引上げ編みをする。

This technique, which is unique combined with garter stitch, produces a small dot pattern. The number of sts must be a multiply of 4+1st..

Motif NO.6

1

2段めを編む。最初の目はすべり目、次はピンクで表メリヤス編み、次はすべり目、これを繰り返して編む。中央では基本と同じように減し目をする。
Row 2 (RS): Pink, Sl 1 kwise (edge-st), * k1, sl 1 pwise with the yarn in back (wyib), repeat from *. Decrease at the center and p1 at the end of row.

2

3段めは、黄色の編み目はそのまますべり目をして、ピンクの目だけを編む。表メリヤス編みをしたら、糸は手前にもってくる。
Row 3 (WS): Pink, Sl 1 kwise, k 1 (pink st),

3

黄色の目をすべり目する。
* sl 1 pwise (yellow st)

4

ピンクの糸をすべり目した黄色の目の前に渡して、糸を向う側に出す。
with the yarn in front (wyif),

5

ピンクの糸で表メリヤス編みをする。
k 1 (pink st) and rep from * and p the last st.

6

1柄編めたところ。
The pattern of 2 rows is finished.

7

残りは基本モチーフと同じように編む。
Knit rem the same as basic motif.

レース編み *Lace*

レース編みは偶数段で、目数が4の倍数＋1目の段で模様を入れる。
Lace sts can be worked on right side (RS) of work. The number of sts must be an odd multiply of 4+1.

Motif NO.7

1

最初の目をすべり目し、次に２目一度で編む。
Row 2 (RS): Sl 1 (edge-st), k2tog,

2

糸を右針に手前から糸を巻くようにかける(かけ目)。
* yarn over (yo),

3

かけ目の糸がゆるまないように気をつけて、次の２目を一緒に編む(２目一度)。
k2tog.

4

基本のモチーフと同じように中央では２目減し目をして２目一度、かけ目を繰り返す。
Rep from * and decrease at the center and p1 at the end of row.

5

表メリヤス編みで戻って、レースの１山の編上り。次の１山はレースの模様を入れずに編む。
Row 3 (WS): Sl 1, k all sts (including the yo), p the last st. Work 2 garter st rows and then rep these 4 rows until the square is finished.

編んで作る作り目 *Knitted cast on*

1

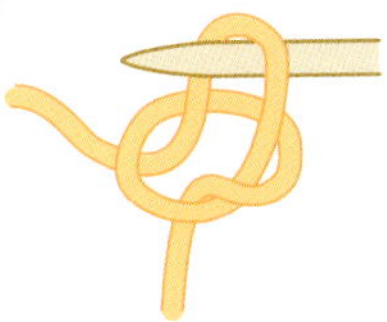

針にループを作る
Make a slip knot and place it on needle held in your left hand.

2

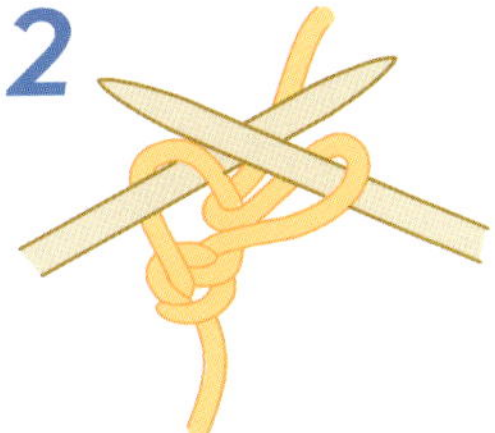

表編みを編むように１目編み、ループを引き出す
k1 into the slip knot.

3

編んだ目を針にかける
Place the new st twisted onto left needle.

4

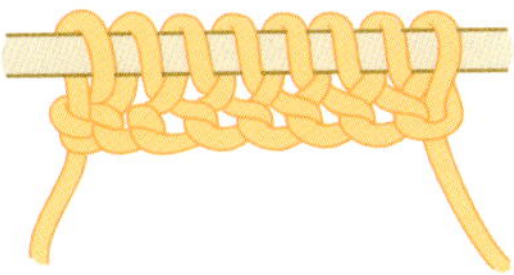

出来上り
When finished.

弾むような水玉柄のモチーフを
ダブルにつないで作ります。
マフラーはスリット入りで使いやすく、
バッグはかわいいハート形に。
どちらも同じ目数のモチーフですが、
マフラーは中細毛糸、
バッグは並太毛糸で編んだので、
こんなにサイズが変わりました。

スリット部分の編み方。
片方ずつ別々に輪に編んでいく。

Polka Dot Muffler & Bag

ポルカドットのマフラー＆ハートバッグ

☞作り方p.42

Muffler & Flower Caps

マフラー＆フラワーキャップ

☞作り方p.45

花をイメージしたマフラーとキャップ。
モチーフの目数を
だんだん少なくしながら編んでいくと、
いつの間にか
キャップになっています。
ジグザグブリムのキャップは
ブリムとトップの仕上げ方に
工夫があります。

ジグザグブリム
キャップ

Basket & Tote-Bag

クールチェックのバスケット＆トートバッグ

☞ 作り方p.50

ストローのような糸、アンダリヤで編みました。
バスケットは箱などのカバーにすると素敵なインテリアに、
トートバッグはしっかりした持ち手と裏地をつけて、
使いやすいショッピングバッグに仕上げました。

Glass Cases & Pen Case

きらり、シックな小物ケース ☞作り方p.53

眼鏡ケース

ペンケース

ラメ糸やコットンヤーンは

季節に関係なく使うものにぴったりです。

入れるものに合わせてサイズが変えられるのも

ドミノ編みの楽しいところ。

モノトーンのバッグは
ランニングステッチのような
編み地モチーフが素敵。
全部が編み地のバッグは
持ち手の部分がダブルになっています。
どちらも中袋をつけて使いやすく。

輪になるように編む。
袋口の端には三角モチーフを編み足す。

バンブー持ち手バッグ

編出し持ち手バッグ

Daily Bags

オータムカラーのデイリーバッグ

☞作り方p.57

ボタンつきの
濃淡バッグ

洗う前と洗った後のモチーフ

Felt Bags

ウォッシュアウトのフェルトバッグ ☞作り方p.61

編み地を大胆にも洗濯機で洗うと
こんなに優しい風合いの
フェルトになります。
ボタンつきのほうは太い針で
ざくざく編んでから縮ませたもの。
ドット柄のほうは20ページと
同じように編んでから洗いました。

バンブー持ち手の
ドットバッグ

小さなモチーフをつないだ、
上品なバッグ2点。
生成りのフェミニンなバッグは
パールを編み込んであります。
持ち手も雰囲気に合わせて選びましょう。

チェッカー柄の
お出かけバッグ

パールの
おしゃれバッグ

ビーズは
編み糸にあらかじめ
通しておく。
モチーフNo.3の
ワンストライプの編み方で、
ストライプの代りに
ビーズを編み込む。

Theater Bags

おしゃれなシアターバッグ

☞作り方p.63

Lacy Balloon-Bags

レース柄のバルーンバッグ

☞作り方p.66

サイズの違いは
モチーフの目数が違うためです。
編み上がったらぬらして、
中に風船を入れてふくらませ、
乾いたら風船を取り出せば
まーるい形に。

羽のように軽いモヘアのショールは
巻き方が楽しめます。
2重に巻けば衿元がすっかり隠れて
寒風をシャットアウト。
寒い日にはフードのように巻いて暖かく。
リボンのように
華やかな結び方もできます。

Scarf and shawl in one

巻き方いろいろふわふわショール

☞作り方p.68

優しい色合いのマーガレットは
後ろのポンポンが愛らしい。
身頃から袖口に向かって、
だんだんモチーフを小さくして編みます。
自分のサイズになったら編終り。
キャップはなんと
16ページのバスケットと同じ編み方です。

Shrug & Cap

スイートカラーのマーガレット＆スクエアキャップ ☞作り方p.71

Joining Pieces

編みつなぎ方のバリエーション

ドミノ編みの特徴はモチーフを編みながらつないでいくところです。つなぎ方によっていろいろな柄が作れます。
One important feature of the Domino-knitting is that you do not sew - you knit - one square on another as you go. You can create various patterns depending on how you arrange your motifs.

モチーフを同じ方向につなぐ *Joining together Vertically*

B
D
A
C

使用モチーフは21目で作ってある。
Each motif is started by 21 sts.

1

モチーフBを編む。モチーフAの最後の目を針にとり、10目を拾う。目は段の最後の鎖を拾っていくといい。針には11目かかっている状態(必要な目数＋1目の半分の目数)。
Knit a square A. Square B: Knit rem st of A with blue, pick up and knit 10 sts along A (9 sts under both selvedge loops and 1 st around the corner into the upper CO-loop).

2

必要な目数になるように作り目をする(ここでは10目)。作り目は11ページを参照。
Turn work and with RS facing K-CO 10 sts (21 sts are on the needle). See page 11.

3

Bを基本のモチーフと同じように編む。
Knit the blue square.

4

B
A

A、B2枚のモチーフがつながった状態。
Now the 2nd square B is added upon square A.

5

11目
10目
B
A

Cのモチーフを編む。まず針に10目作り目をして、Aのモチーフから11目を拾う。
Square C: K-CO 10 sts with orange, pick up and knit 11 sts (1 st around the corner into the upper CO-loop and 10 under both selvedge loops).

6

3枚めを編んでいる途中の様子。
Knit an orange square.

7

B
A
C

Cのモチーフがつながった状態。
これで3枚がつながった。
3 pieces are joined.

8

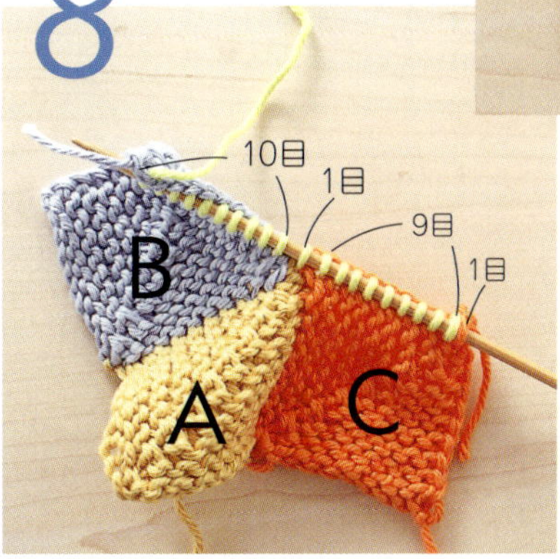
10目
1目
9目
1目
B
A
C

Cから10目、Aの先から1目、Bから10目を拾ってDのモチーフを編む。
Pick up and k 21 sts in the notch between C and B, as follows: K rem st of C with green, pick up and knit 9 sts along C (orange), 1 st at the tip of A and pick up and k 10 sts along B (blue).

9

Dのモチーフがつながったところ。枚数を増やす場合も同じ要領でつないでいく。
Finish the green square.Any number of squares can be joined in this way.

モチーフを放射状につなぐ *Joining from the Center and Outwards*

B
C
A
D

使用モチーフは21目で作ってある。
Each motif is started by 21 sts.

1

A

まず基本モチーフを参照して1枚を編む。
Knit a square A.

2

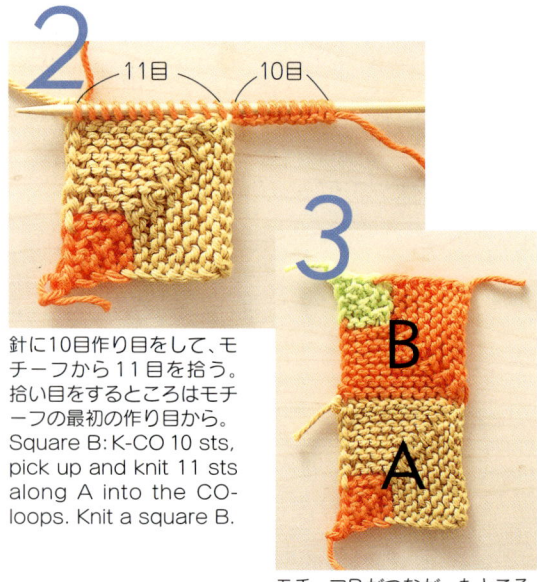

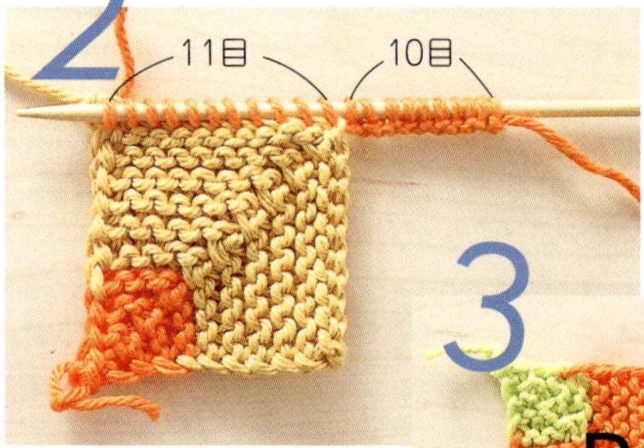
11目
10目

針に10目作り目をして、モチーフから11目を拾う。拾い目をするところはモチーフの最初の作り目から。
Square B: K-CO 10 sts, pick up and knit 11 sts along A into the CO-loops. Knit a square B.

3

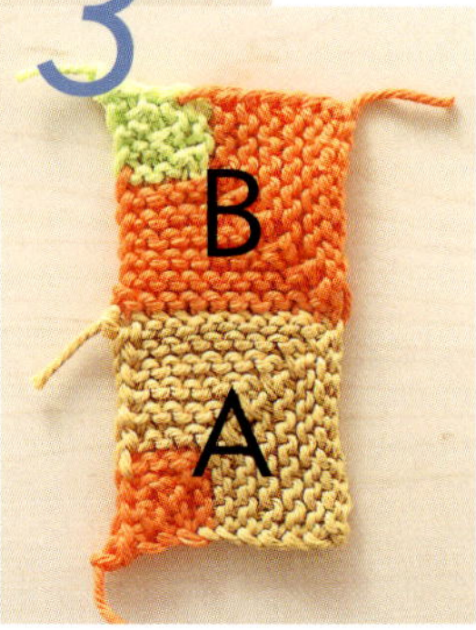
B
A

モチーフBがつながったところ。
Square B is now added.

4

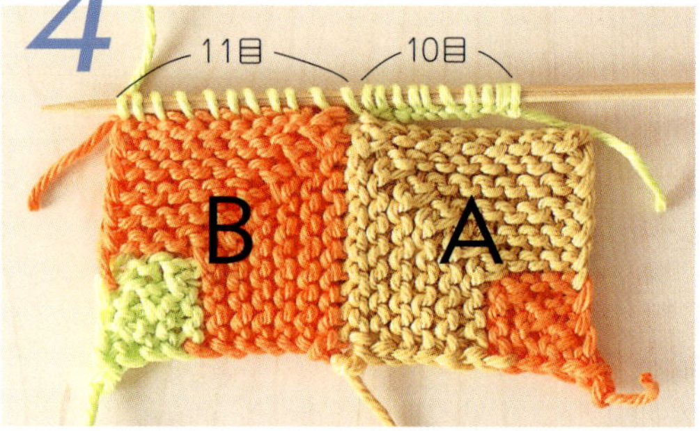
11目
10目
B
A

針に作り目を10目してから、モチーフBから11目拾い目をする。Square C: K-CO 10 sts and pick up and knit 11 sts in the CO-loops of B. Knit square C.

5

C
10目
1目
10目

3枚がつながったところ。中心になる目は、ほかの2枚の目と同じところを拾う。モチーフDはAから10目、Bのトップから1目、Cから10目拾って編む。
3 pieces are joined. Pick up and knit 21 sts in the notch between A and C (the 11th st in the top of B). Knit a square D.

モチーフを輪につなぐ *Joining Squares in Rounds*

この方法はこの本のほとんどの作品に使われている。ここでは19目のモチーフを使用。This way of joining the squares is used in almost all the designs in this book. Each motif here is started by 19 sts.

1

まず、必要な枚数のモチーフを編んでおく。ここでは4枚。First of all - knit the required number squares, here 4.

2

9目
8目
1目
B
A
1目

2枚のモチーフをつなぐ。Aのモチーフの最後の1目を針にとり、8目を拾う。次にAとBの端を重ねて1目を拾い、続けてBから9目を拾う。
Joining 2 squares: Pick up and knit 9 sts along the orange square (A), overlap the 2 squares and pick up and knit 1st through both the upper CO-loop around the corner of A and the upper CO-loop of B, pick up and knit 9 sts along B. Knit a square.

3

D
C
B
A

同じようにしてBとC、CとDをつなぐ。
Cont knitting squares in between the 4 squares until 3 is finished.

4

A
D

AとDから同じように目を拾ってモチーフを編む。これで輪になる。
Make a ring of the squares and knit the next square between D and A.

ヴィヴィアンさんの作品のヘアバンド。
28ページのショールを小さくしたもの。

三角のモチーフを編んでつなぐ *Joining Squares Diagonally*

H
F
G
B
D
E
A
C

使用モチーフは21目で作ってある。
Each motif is started by 21 sts.

1

A

Bの三角モチーフを編む。Aのモチーフの最後の目を針にとり、10目拾う(全部で11目)。
Knit a square A. Triangle B: Pick up and knit 10 sts along A and 1 st around the corner.

2

拾った目を1段編む。次に最初の目をすべり目して、左の針に3目残したところまで表メリヤス編み。次に2目一度、最後に裏メリヤス編みをする。
Row 1 (WS): Sl 1 kwise, k until last st, p1. Row 2 (RS): Sl 1 kwise, k until 3 sts rem, k2tog, p1.

3

裏から編むときは減し目はしないで編み、1山ごとに左端で減し目をして1目になるまで編む。
Rep row 1 and 2 decreasing 1 st at the end of every WS-row until 1 st rem.

4

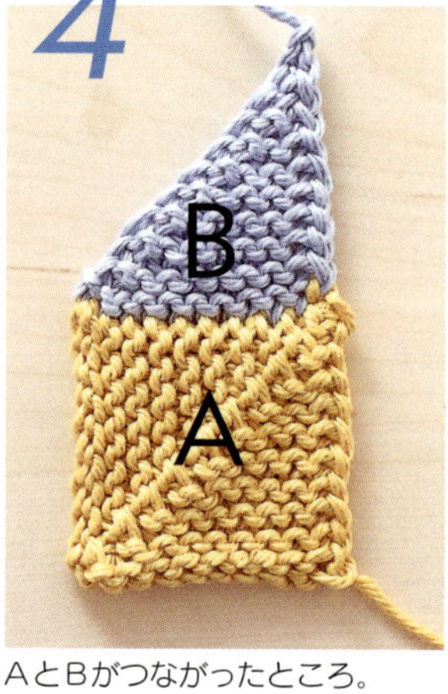
B
A

AとBがつながったところ。
A and B is now joined.

5

9目
A
C

モチーフCはあらかじめ編んでおき、モチーフDを編む。Cからはトップの1目を針にとり、9目拾い、AとCを重ねて作り目の端の目を1目拾う。
Knit a new square C. Pick up and knit 10 sts along C, overlap the 2 squares C and pick up and knit 1 st through the corner loops of C and A,

6

10目
1目

Aから10目拾う。
pick up and knit 10 sts along A.

7

D
C
B
A

基本モチーフを参照してモチーフDを編む。
Knit square D.

8

Cから11目拾ってモチーフEを編む。
Triangle E: Pick up and knit 11 sts along C.

9

基本どおり1段編んで1山作る。次に端の目を基本モチーフの要領ですべり目、次の目はかぶせ目のためのすべり目をする。
Row 1 (WS): Sl 1 kwise, k until last st, p1. Row 2 (RS): Sl 2 kwise (1 edge-st + 1),

10

次に1目編む。
k1,

11

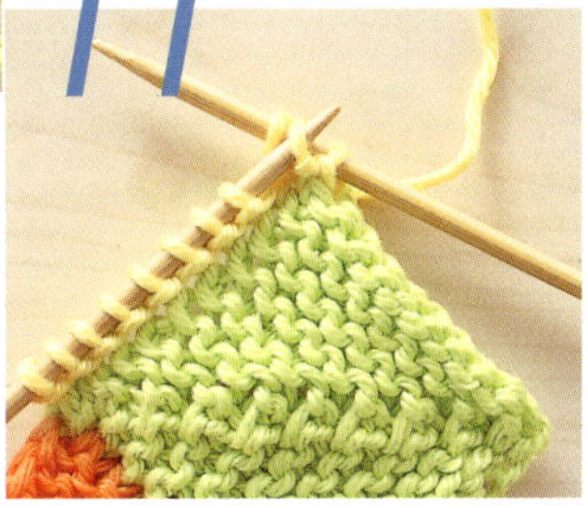

10で編んだ目にすべり目をかぶせる。こうして右端で減し目をして三角形に編む。
psso, k until last st, p1. Rep row 1 and 2 decreasing 1 st at the beginning of every RS-row until 1 st rem.

12

モチーフEがつながった状態。続けてBとDから目を拾ってF、DとEから目を拾ってGを編む。
Knit square F between D and B, and square G between E and D.

13

FとGはDと同じように編み、上端の三角形Hのモチーフを編む。下のモチーフから21目拾って1段編む。
Triangle H: Pick up and knit 21 sts between G and F.

14

2段めからは基本モチーフと同じように中央で2目減し目をして、左針に1目残し、手前の1目は裏メリヤス編みにする。
Row 1 (WS): Sl 1 kwise, k until last st, p1. Row 2 (RS): Sl 1 kwise, k and dec 2 sts at the center of every RS-row as the basic square, p 1 just before the last st, turn and leave 1 st on the left hand needle.

15

裏メリヤス
残す

左針に1目を残したまま針を持ち替えて3段めを編む。ここでも左針に1目残し、手前の1目は裏メリヤス編みにする。
Row 3: Sl 1 kwise, and as for row 2 without dec at the center.

16

裏メリヤス
残す

4段め、5段めは左針に2目を残し、手前で裏メリヤス編みをする。これを繰り返して編んでいく。
Row 4 an 5: Dec at the center of the RS-row and leave 1 st more (here 2 sts) on the left hand needle, p 1 before them.

17

最後は針に11目残るまで編む。
Rep row 4 and 5 until 11 sts rem on needle.

フェルト化する *Felting*

編み地がゆるいと縮む率が大きく、適正ゲージで編むと縮み率は少ない

The amount of shrinkage is greatest with a loose fabric and less with fabric knitted in the normal gauge.

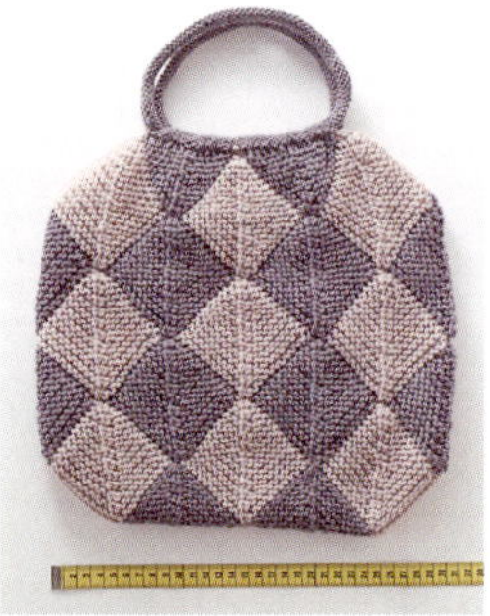

洗う前の濃淡バッグ

10号針を使って編んだもの。編み地はゆるく、サイズも大きい。
A bag loosely knitted with no. 10 needles (51/2mm), so it is large.

縮んだ濃淡バッグ

洗う前の5/6になる。持ち手はほとんど縮んでいない。
The washed bag shrinks by five-sixths, but the handles do not shrink much.

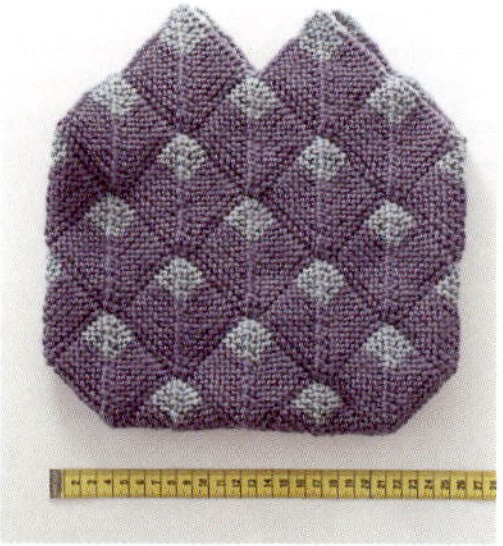

洗う前のドットバッグ

5号針で編んだもの。20ページのバッグと同じサイズ。
Knitted with no.5 needles (4mm). This is the same size as the one on page 20.

縮んだドットバッグ

元の編み地にゆるみが少ないので、あまり縮んではいないが、フェルトの風合いが出ている。
It has not shrunk so much since the original fabric was not as loose. However, its sur face has a felted texture.

ダブルの編み方 Doubled Squares

使用モチーフは25目で作ってある。
Each motif here is started by 25 sts.

1

モチーフの表側から目を拾う。拾い目は最初の作り目に針を差し込んで拾っていく。
Knit 1 square. With RS facing pick up CO-loops,

2

角まで12目拾う。
and knit 12 sts along the bottom of A until you reach the corner.

3

角で1目拾う（全部で13目）。
Pick up and knit 1 st in the corner,

4

もう1辺からは12目拾う。角の部分は少し拾いにくいが、実際は思うほど難しくない。
and then 12 sts at the next side of the square.

5

基本モチーフと同じように編む。
Knit a square.

ポンポンの編み方 *Knitted Pompon*

編んで作ったポンポンは、中に編み残しておいた毛糸を詰めて作る。
A knitted pompon.

1

50cm残して10目作り目をする。
K-CO 10 sts leaving a 50 cm/20" tail.

2

表メリヤス編みを7段編む。
Knit 7 rows of stocking st (no edge-sts).

3

1～1.2m残して糸を切る。
Cut the yarn leaving 100-120 cm/40-47".

4

作り目のとき残した50cmをとじ針に通し、作り目の間に針を通す。
With tapestry needle, thread the short tail through the CO-loops and pull.

5

中表にして、なるべく目立たないように両端をゆるくとじ合わせる。
With WS facing sew the 2 sides loosely tog as invisible as possible leaving a hole at the top.

6

上までとじたら、針にかかっている目をとじ針にとって編み針を抜く。
With tapestry needle, thread through the 10 sts on needle.

7

1m残しておいた糸を小さく丸めて編み地の中に詰める。
Roll the long tail into a small ball and stuff it into the little bag and tight the seam.

8

糸を引いて口をとじ、最後の目に何度か糸をくぐらせておく。つけるときはこの糸を使ってつける。
Pull and the pompon is finished.

How to Make
作品の作り方

本書の作品はすべて6ページからの[基本モチーフの編み方]でご紹介した
NO.1～NO.7のモチーフの組合せでできています。
指定の糸と針で編んでもモチーフのサイズが5mm以上違うときは
目数を2目増やすか減らすかして記載されているサイズに近づけてください。
でも、帽子とマーガレット以外の作品はサイズをそれほど気にしなくてもかまいません。
編み針は短いほうが編みやすいので、5本針がおすすめです。

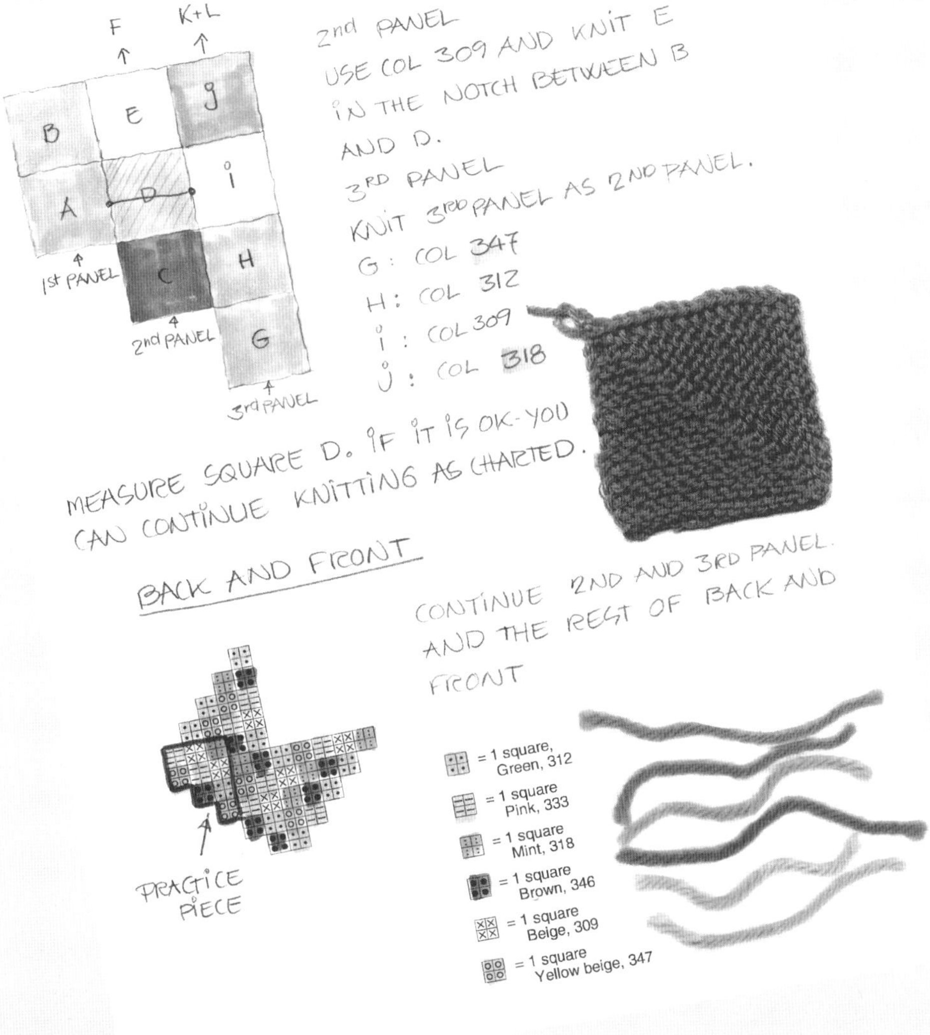

F
K+L
B
E
g
A
D
i
C
H
G
1st PANEL
2nd PANEL
3rd PANEL
2nd PANEL
USE COL 309 AND KNIT E
IN THE NOTCH BETWEEN B
AND D.
3RD PANEL
KNIT 3RD PANEL AS 2ND PANEL.
G : COL 347
H : COL 312
i : COL 309
j : COL 318
MEASURE SQUARE D. IF IT IS OK-YOU
CAN CONTINUE KNITTING AS CHARTED.
BACK AND FRONT
CONTINUE 2ND AND 3RD PANEL
AND THE REST OF BACK AND
FRONT
PRACTICE
PIECE
= 1 square, Green, 312
= 1 square Pink, 333
= 1 square Mint, 318
= 1 square Brown, 346
= 1 square Beige, 309
= 1 square Yellow beige, 347

Polka Dot Muffler & Bag ☞ P.12

ポルカドットのマフラー＆ハートバッグ

Motif NO.5 Motif NO.1

◆**材料**

マフラー：フォープライ　黒(353)100g、白(302)20g

バッグ：フェアレディー　黒(50)50g、白(2)10g

中袋(ギンガムチェック)　20×40cm

太さ1cmのロープ　50cm

◆**用具**

マフラー：3号棒針

バッグ：5号棒針、5/0号かぎ針

◆**モチーフ**

使用モチーフ：NO.1、NO.5

目数：25目

モチーフサイズ：**マフラー**4.3cm角　**バッグ**5.5cm角

◆**作り方**

マフラー

＊最初に4枚を編みつなぎ、端のモチーフの2辺から目を拾ってダブルになるように編んでいく。

＊スリットの手前までダブルに編んだら、片方ずつ4段輪に編み、6段めからは元のようにぐるぐる編む。

＊スリット以降は巻いてみて使いやすい長さまで編み、先をとじ合わせるが、最後の段はドットの入らないNO.1のモチーフにする。

＊先に白い毛糸でポンポンを作ってつけてもいい。

バッグ

＊マフラーと同じようにダブルになるように編む。

＊袋口はまずVの部分の目を拾ってから続けて持ち手の作り目をして、裏メリヤス編みで輪編みにする。

＊次に袋口の脇部分から続けて持ち手の作り目を拾って、裏メリヤス編みで輪編みにする。

＊出来上りより少し大きめに布を裁って中袋を縫い、袋の中に入れて縁編みをかぶせてまつる。持ち手は中にロープを入れてとじ合わせる。

＊ボタンは40ページを参照してポンポンを作り、図を参照して形を整えてつける。

＊ループは針に3目作り目をして、9cm表メリヤス編みで編んだものをとじつける。

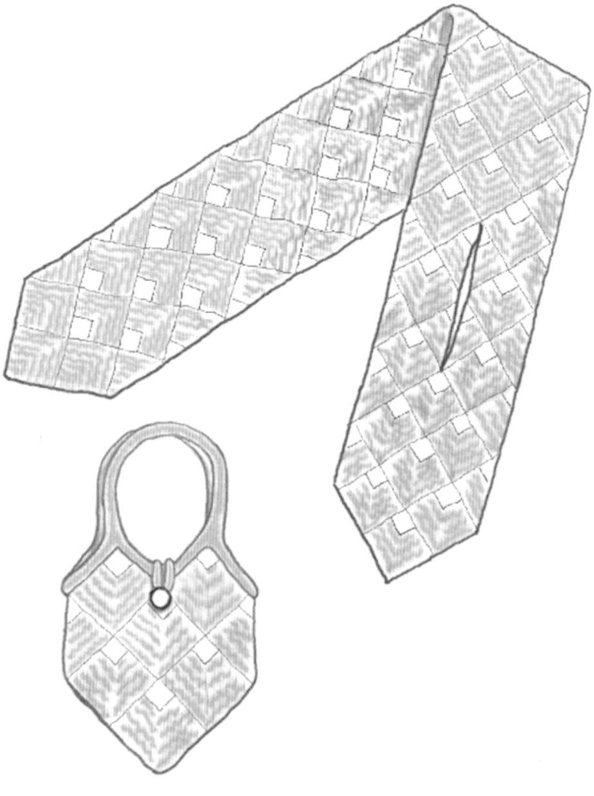

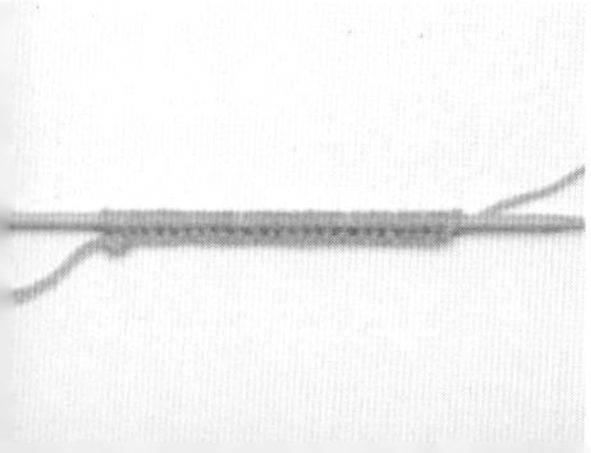

Let's Try!

基本モチーフを編んでみましょう

マフラーの製図

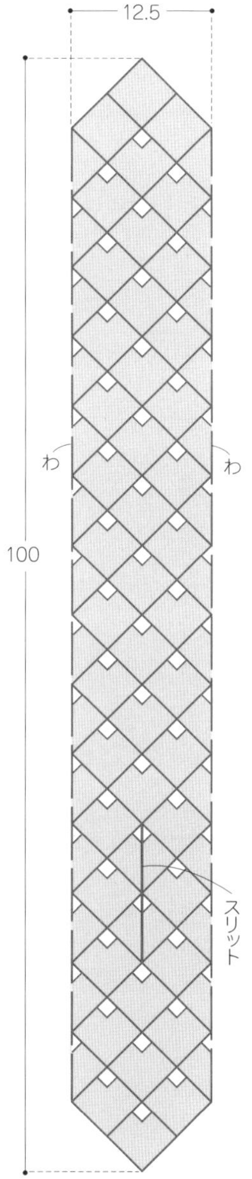

12.5
100
わ
わ
スリット

スタート

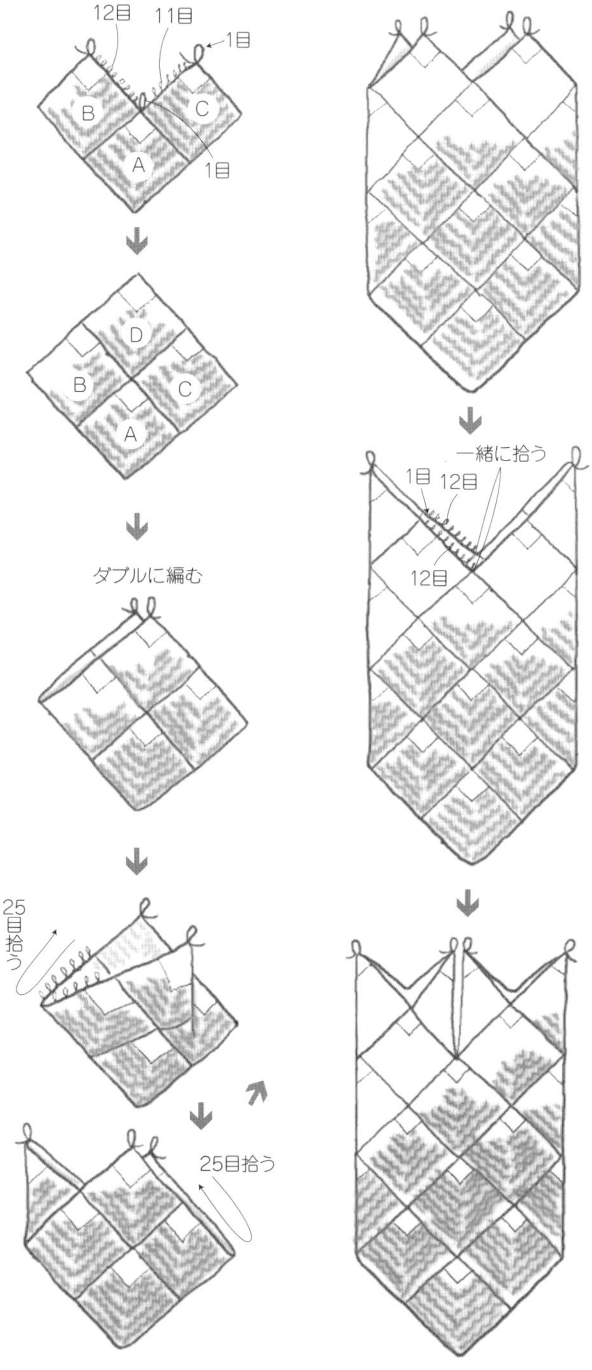

12目
11目
1目
B
C
A
1目
D
B
C
A
ダブルに編む
25
目
拾
う
25目拾う
一緒に拾う
1目
12目
12目

スリットの編み方

一緒に拾う
12目
12目
1目

マフラー先端の仕上げ方

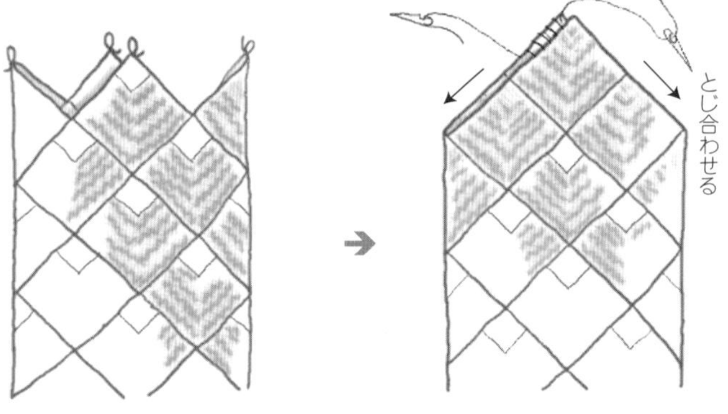

とじ合わせる

バッグの製図

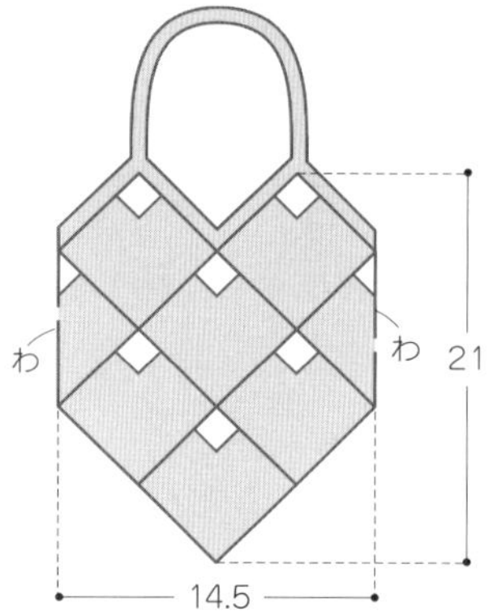

わ
わ
21
14.5

バッグの編み方、持ち手の作り方

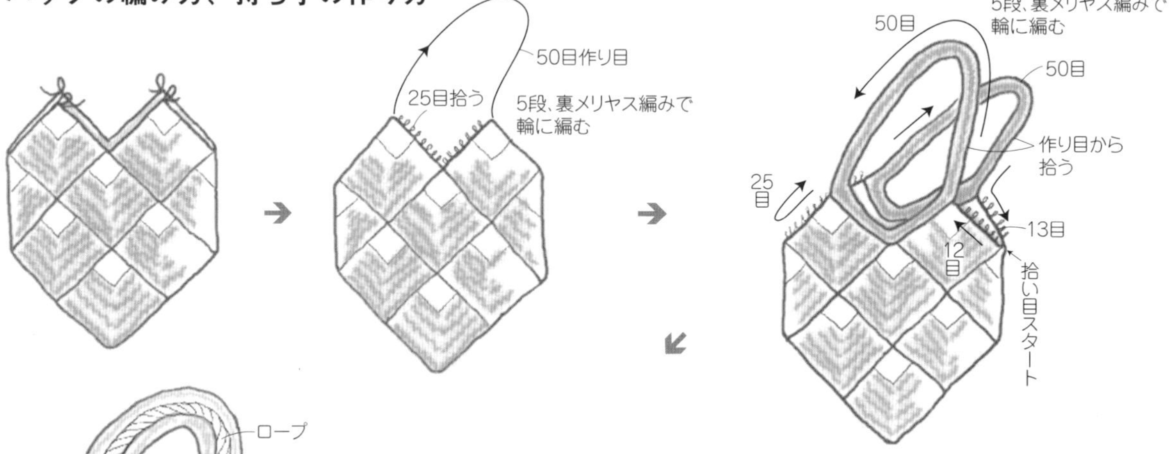

50目作り目
25目拾う
5段、裏メリヤス編みで
輪に編む
50目
5段、裏メリヤス編みで
輪に編む
50目
作り目から
拾う
25
目
13目
12
目
拾い目スタート

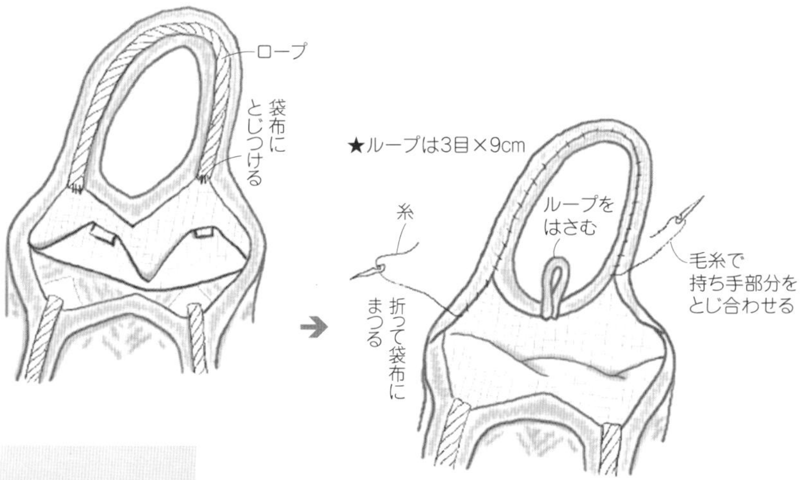

ロープ
袋布に
とじつける
★ループは3目×9cm
糸
ループを
はさむ
毛糸で
持ち手部分を
とじ合わせる
折って袋布に
まつる

ボタンの作り方

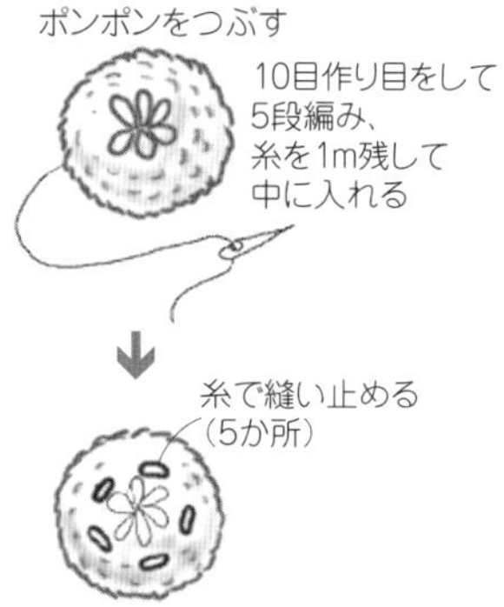

ポンポンをつぶす
10目作り目をして
5段編み、
糸を1m残して
中に入れる
糸で縫い止める
（5か所）

Muffler & Flower Cap ☞P.14

マフラー＆フラワーキャップ

Motif NO.1

◆材料

モヘア　ピンク(65)25g、赤(50)25g、ローズピンク(59)25g、オレンジ(56)25g、黄緑(58)少々

◆用具

3号棒針、3/0号かぎ針

◆モチーフ

使用モチーフ：NO.1

目数：**マフラー**21目

キャップ21目、19目、17目、15目、13目、11目

モチーフサイズ：**マフラー**4.7cm角

キャップ4.7～2.5cm角

◆作り方

マフラー

＊図を参照して両端に三角モチーフ(編み方は36ページ)を入れながら、好みの長さになるまで編む。

＊先に黄緑で房をつける。

キャップ

＊1段めはモチーフを7枚編み、35ページを参照して2段めのモチーフを編んで輪につなぐ。

＊モチーフの目数は1段めと2段めは21目で、そのあとは順に19目、17目、15目、13目、11目と目を減らして編む。

＊縁は三角モチーフから、77目と1段めのスクエアからの1目を拾い目して、最初の段を編むときに均等に14目増し目をして98目で10段編む。最後の目はゆるめに止める。

＊トップは、モチーフの残り目7目を針にとり、表メリヤス編みで10cm編む。糸を20cmぐらい残してとじ合わせる。モチーフ7枚もはぎ合わせる。

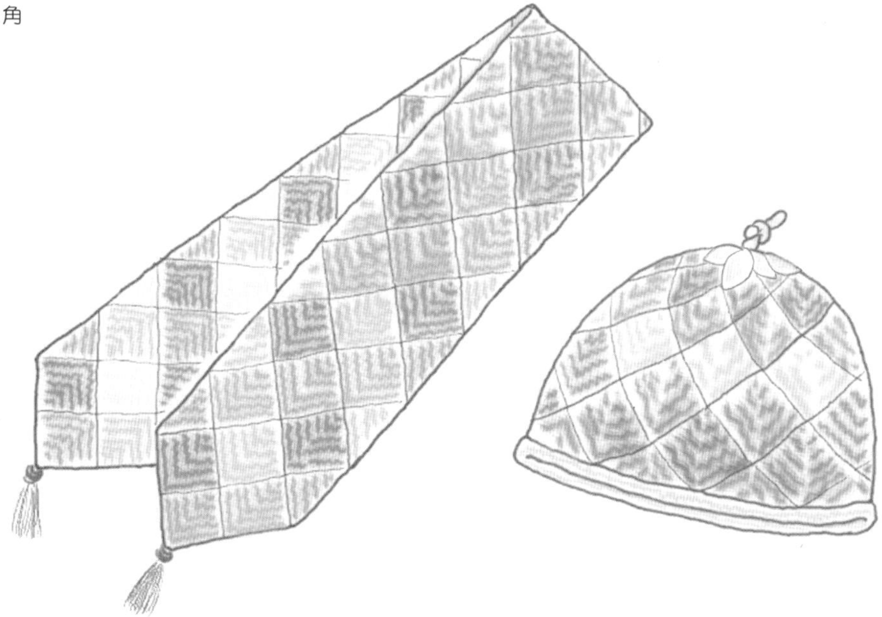

スタート

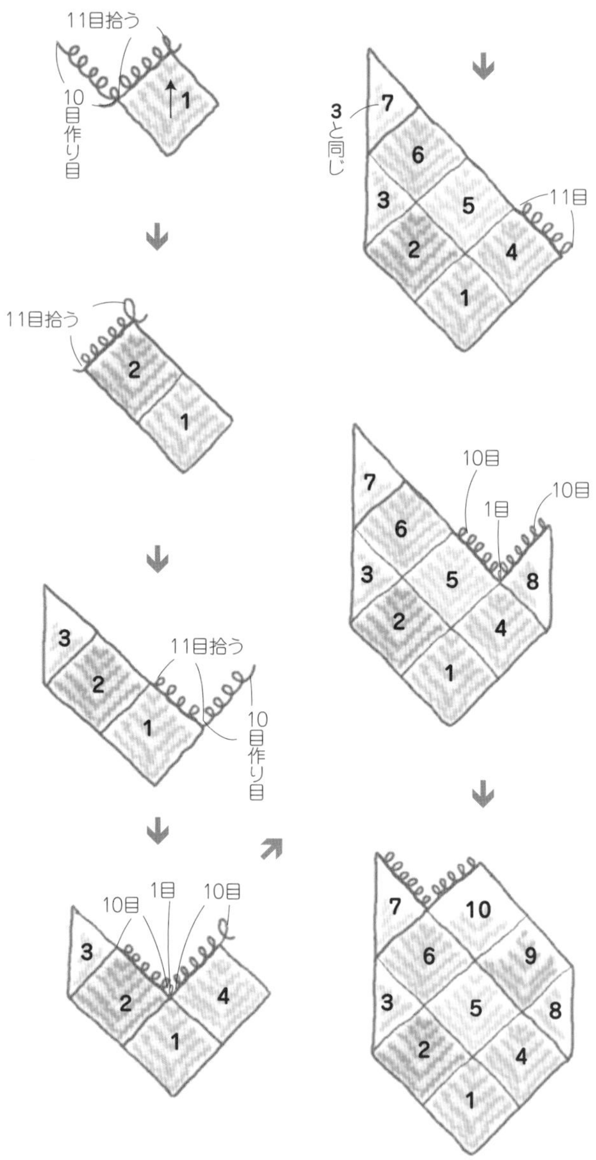

11目拾う
10目作り目
1
11目拾う
2
1
3
2
1
11目拾う
10目作り目
10目
1目
10目
3
2
4
1
3と同じ
7
6
3
5
2
4
1
11目
7
6
3
5
2
4
1
10目
1目
10目
8
7
10
6
9
3
5
8
2
4
1

タッセルのつけ方

タッセルを作る
10
11巻き
結ぶ
1
とじつける
5

P:ピンク

O:オレンジ

B:赤

R:ローズピンク

マフラーの製図

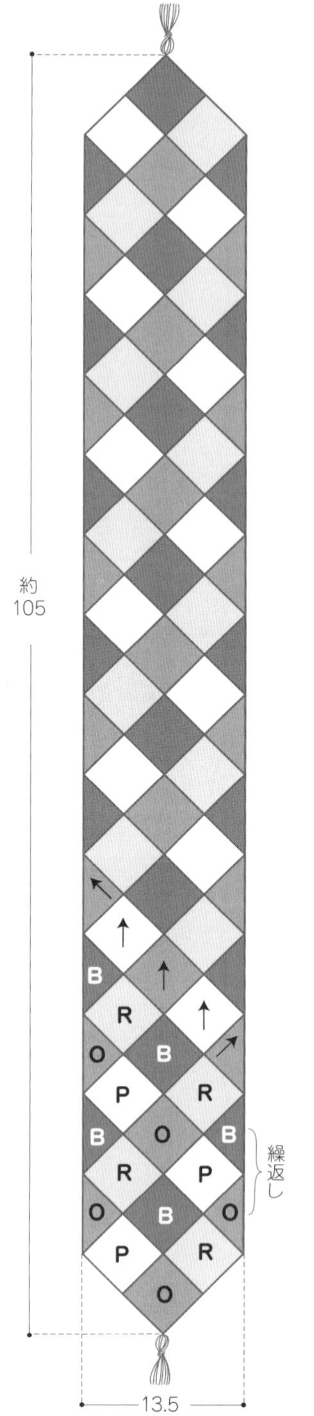

約105
B
R
O
B
P
R
B
O
B
R
P
O
B
O
P
R
O
繰返し
13.5

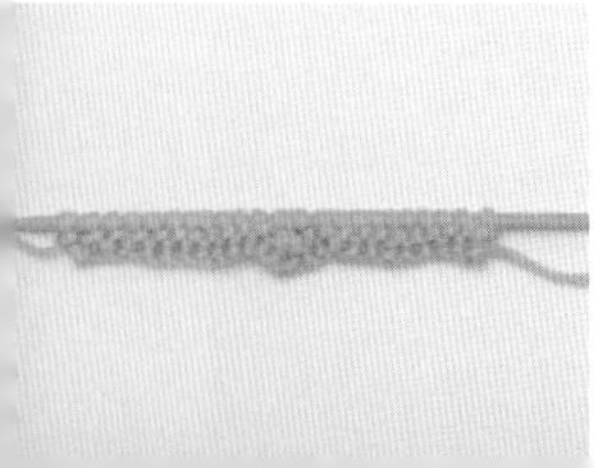

キャップのモチーフのつなぎ方

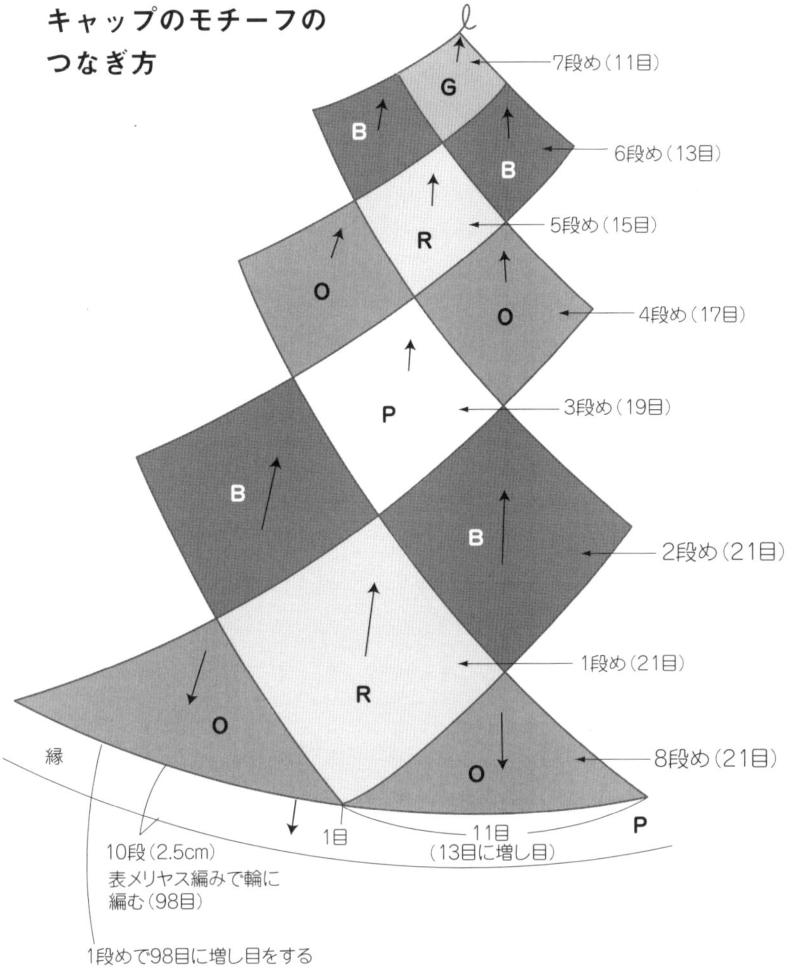

( )はモチーフの目数
★各段7枚ずつ編む
P:ピンク
O:オレンジ
B:赤
R:ローズピンク
G:黄緑
7段め(11目)
6段め(13目)
5段め(15目)
4段め(17目)
3段め(19目)
2段め(21目)
1段め(21目)
8段め(21目)
縁
1目
11目
(13目に増し目)
10段(2.5cm)
表メリヤス編みで輪に
編む(98目)
1段めで98目に増し目をする

結ぶ

トップの編み方

トップの7目を拾って針にとり、
表メリヤス編みで平らに10cm編む

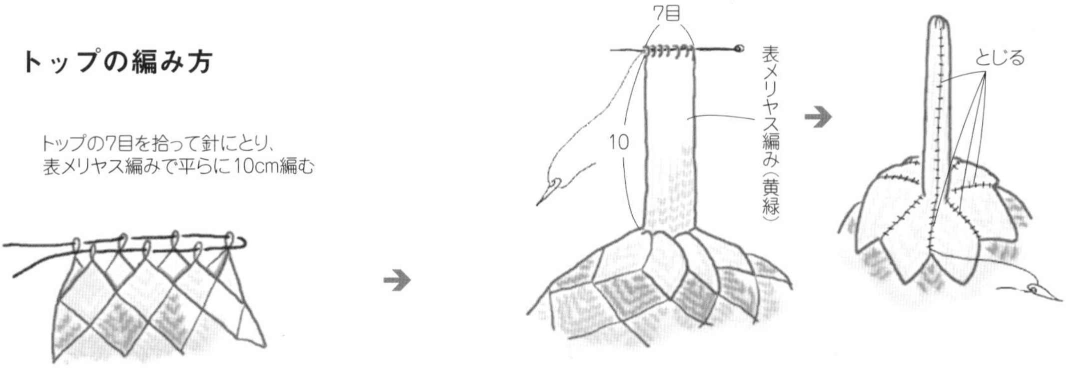

7目
10
表メリヤス編み(黄緑)
とじる

Flower Cap ☞P.15

ジグザグブリムキャップ

Motif NO.1

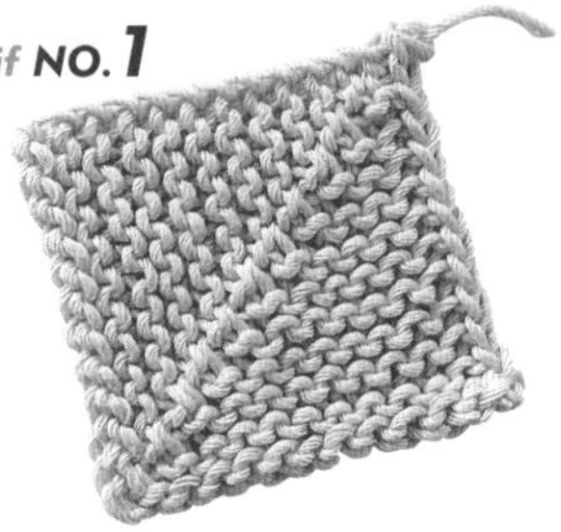

◆材料

フォープライ　黒(353)25g、グレー(370)25g、れんが色(330)5g、あずき色(332)5g

◆用具

3号棒針

◆モチーフ

使用モチーフ：NO.1

目数：25目、23目、21目、19目、17目、15目、13目

モチーフサイズ：4.7～2.4cm角

◆作り方

＊まずれんが色で13目作り目をして1段編み、あとはあずき色で編む。このモチーフを2枚ずつ13目のグレーのモチーフとつないだものを7枚編む。

＊2段めは25目のモチーフを黒で、35ページのように輪に編みつなぐ。

＊3段めは2段めまで編んだものを裏返しにして25目拾って編む。9段めまで、同じように毎段目を減らしながらモチーフを編んでいく。

＊トップはモチーフの最後の目を針にとり、4cm表メリヤス編みをしてとじる。9段めのモチーフははぎ合わせず、そのままにしておく。

キャップの製図

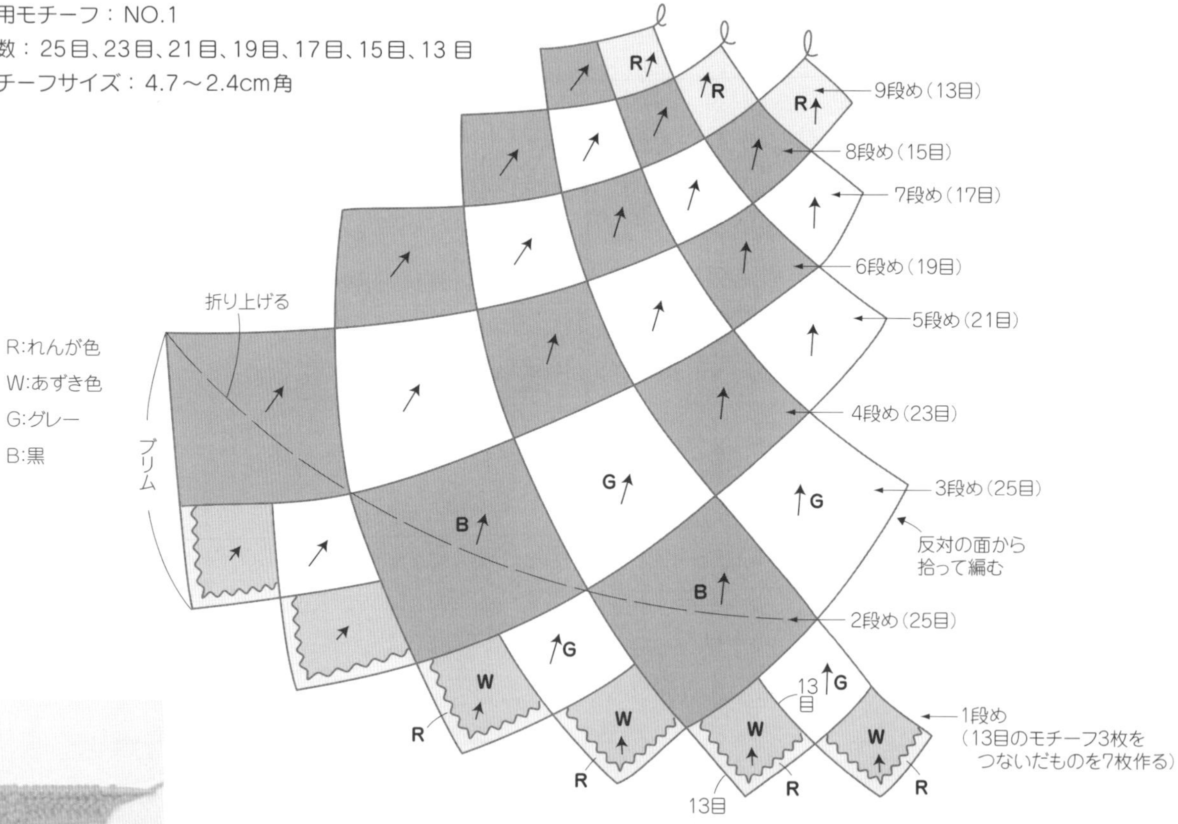

R:れんが色
W:あずき色
G:グレー
B:黒
ブリム
折り上げる
9段め(13目)
8段め(15目)
7段め(17目)
6段め(19目)
5段め(21目)
4段め(23目)
3段め(25目)
反対の面から拾って編む
2段め(25目)
1段め(13目のモチーフ3枚をつないだものを7枚作る)
13目
13目
R
W
G
B

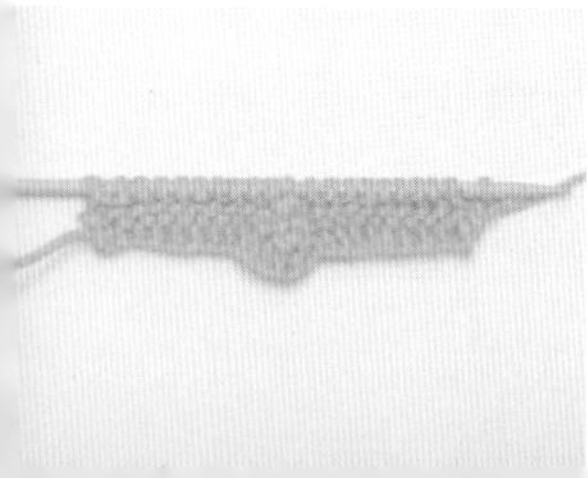

スタート　1段め

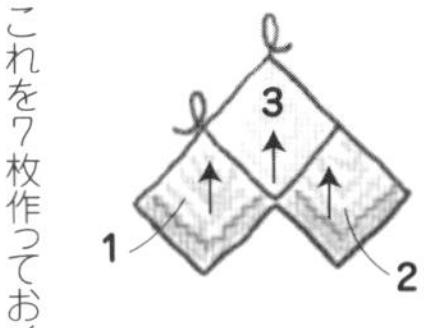
これを7枚作っておく
3
1
2

2段め

25目拾う

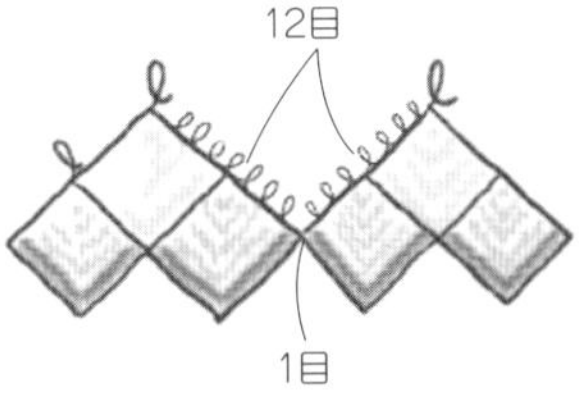
12目
1目

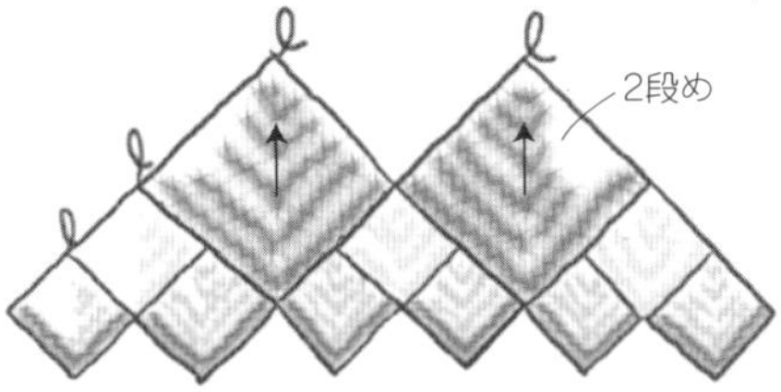
2段め

3段め

裏返して25目拾う

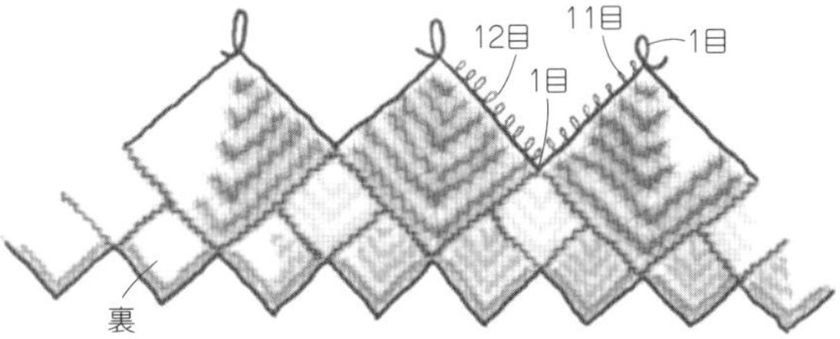
12目
11目
1目
1目
裏

4段め

23目拾う

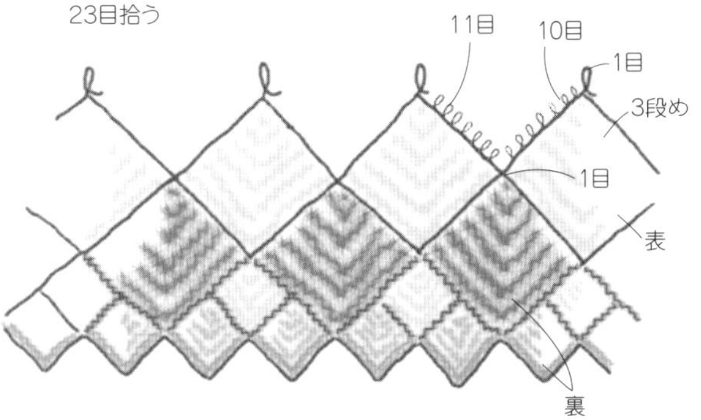
11目
10目
1目
3段め
1目
表
裏

トップの編み方

最後のループ(7目)を針にとる

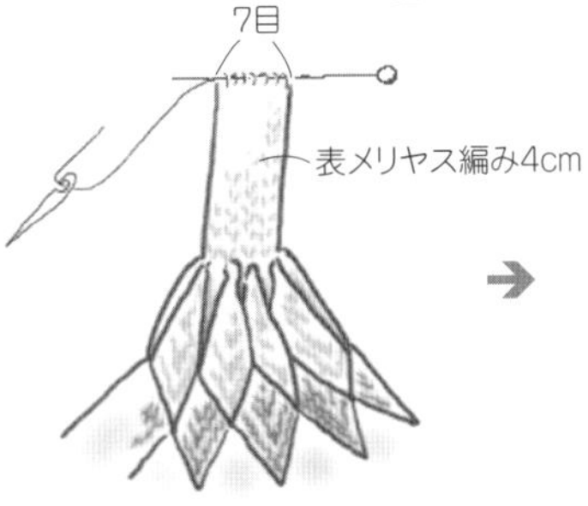
7目
表メリヤス編み4cm

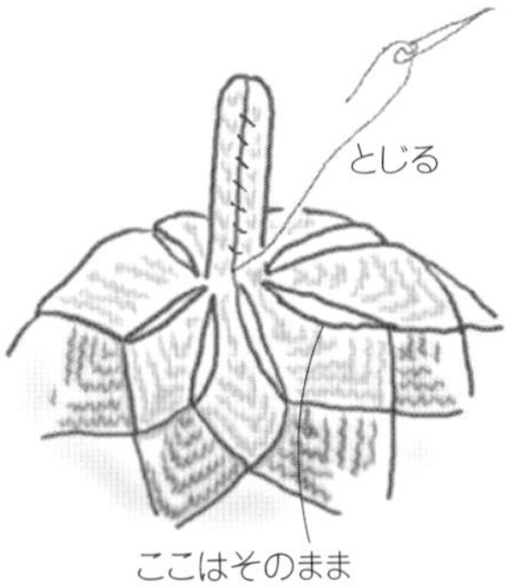
とじる
ここはそのまま

Basket & Tote-Bag ☞P.16

バスケット＆トートバッグ

Motif NO.1

Motif NO.2

◆**材料**

バスケット：アンダリヤ　生成り（167）50g、黒（30）50g

トートバッグ：アンダリヤ　生成り（167）100g、黒（30）100g

中袋（ナイロンタフタ）　50×90cm

持ち手　1組み

◆**用具**

5号棒針、5/0号かぎ針

◆**モチーフ**

使用モチーフ：NO.1、NO.2

目数：23目

モチーフサイズ：7cm角

◆**作り方**

バスケット

＊底になる部分16枚を図を参照して作る。

＊次に底のストライプ柄2枚のところ(4か所)から黒で23目拾い目をしてモチーフを編む。

＊次の段はストライプ柄を編んで1回りする。

＊入れ口は三角のモチーフを生成りと黒で交互に編んでから、96目拾って表メリヤス編みで9段輪に編み、ゆるく伏止めをする。

トートバッグ

＊バスケットと同じ編み方で、モチーフを5段多く編み、96目拾い目をして伏止めをし、細編みを1段編む。

＊中袋を入れ、袋口の編み地を折って中袋にとじつける。

＊持ち手をねじで止めつける。

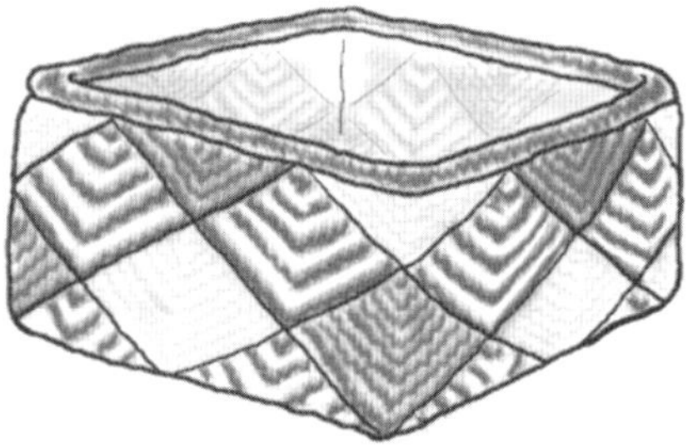

バスケットの製図

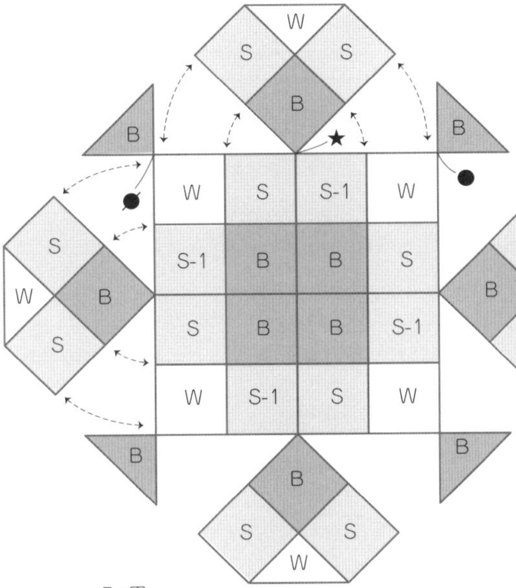

B :黒
W:生成り
S :黒からスタートするストライプ
S-1:生成りからスタートするストライプ

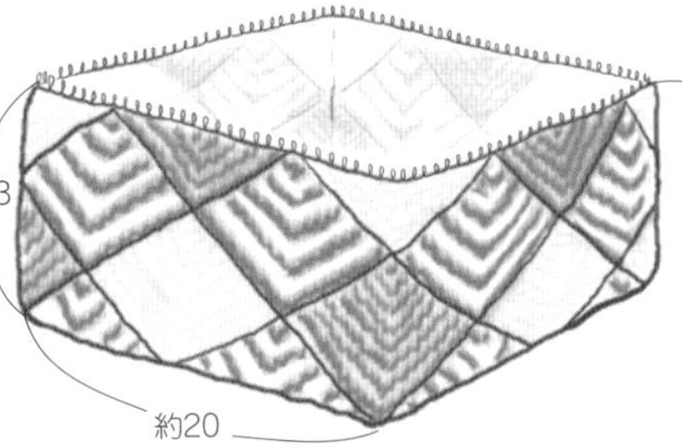
約13
約20
96目拾い目をして輪に編む
表メリヤス編み9段

スタート

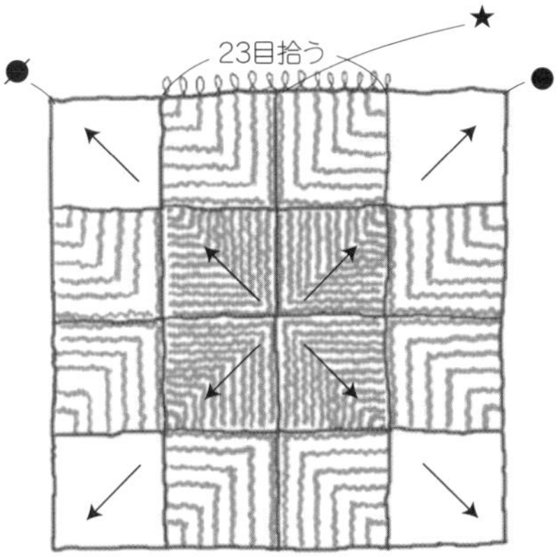
23目拾う

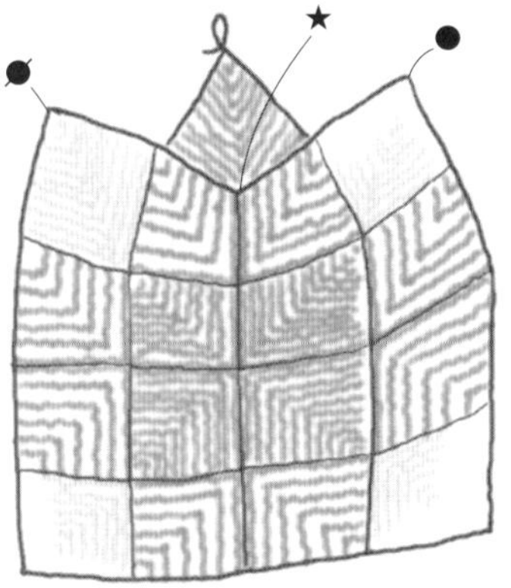

トートバッグの製図

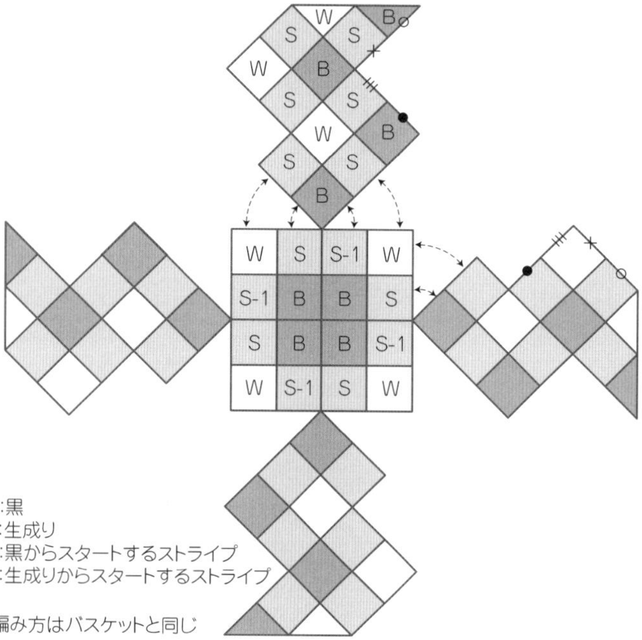
W
S
S-1
B

B :黒
W :生成り
S :黒からスタートするストライプ
S-1:生成りからスタートするストライプ

★編み方はバスケットと同じ

中袋のつけ方

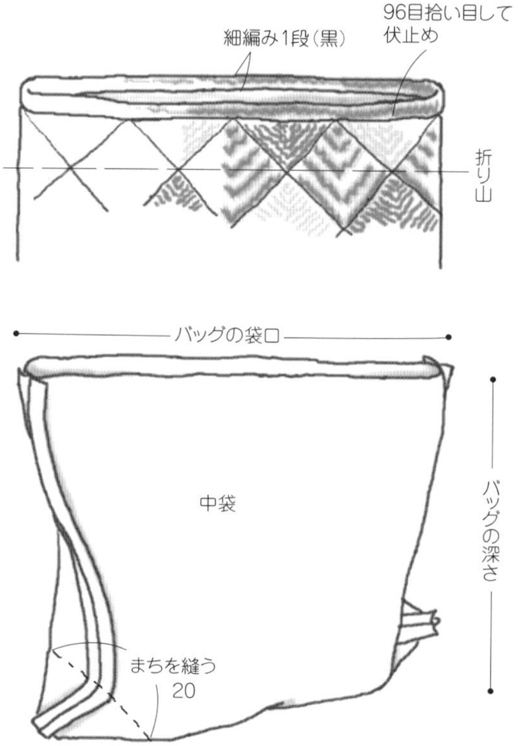
細編み1段(黒)
96目拾い目して
伏止め
折り山
バッグの袋口
中袋
バッグの深さ
まちを縫う
20

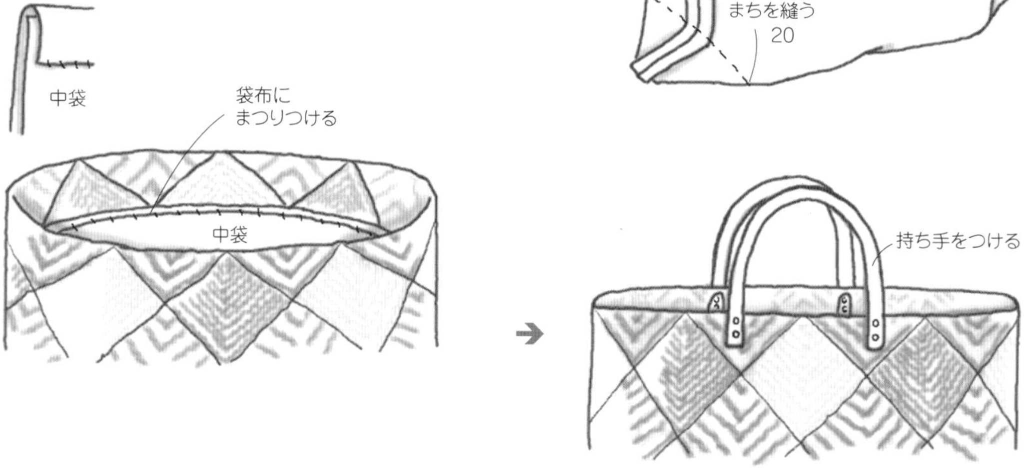
中袋
袋布に
まつりつける
中袋
持ち手をつける

Glass Cases ☞P.18
眼鏡ケース

Motif NO.2

◆**材料**

A：コルビア　カーキ色(22)10g、深緑(11)10g

B：イルミネーション　パープル(4)15g、モノトーン(8)15g

中袋(ナイロンタフタ)　各22×25cm

直径1cmのボタン　各1個

◆**用具**

3号棒針、3/0号かぎ針

◆**モチーフ**

使用モチーフ：NO.2

目数：21目

モチーフサイズ：A4cm角　B3.8cm角

◆**作り方**

＊NO. 2のストライプ柄のモチーフをつないでいく。

＊袋の前側は袋口に三角のモチーフを編み、後ろ側は続けて編んでふたにする。

＊前の袋口とふたの回りに続けて細編みをする。このときふたの先に5目の鎖編みをしてループを作る。

＊最後にバック細編みをして仕上げる。

＊中袋を作って表にひびかないようにとじつける。ふたの裏側にはつけない。

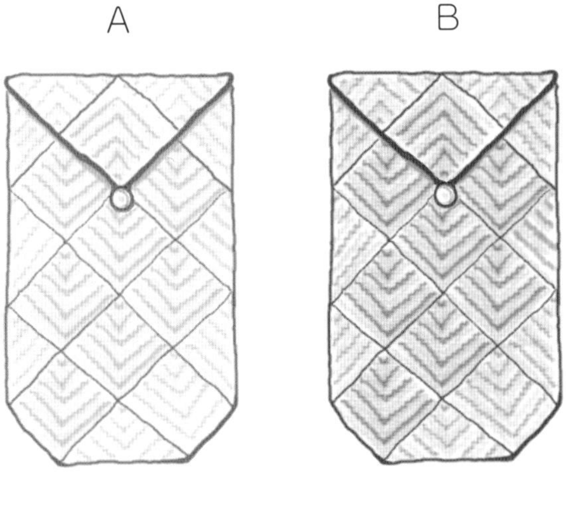
A
B

眼鏡ケースの製図

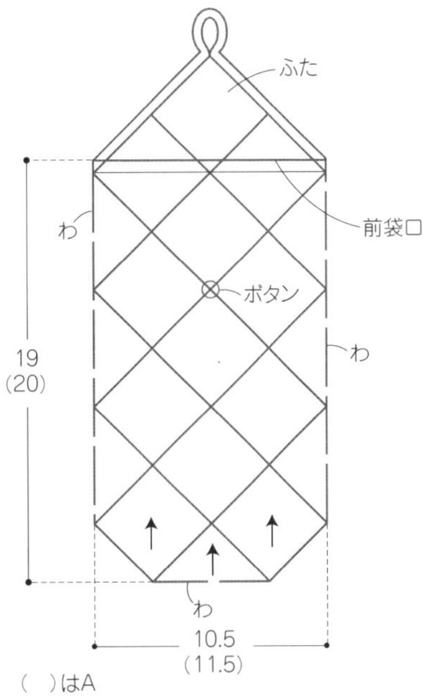
ふた
前袋口
わ
ボタン
わ
19
(20)
わ
10.5
(11.5)
(　)はA

スタート

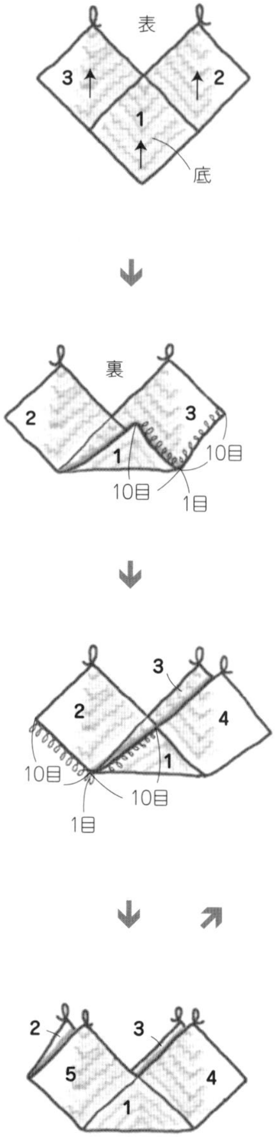

表
3
2
1
底
裏
2
3
1
10目
10目
1目
2
3
4
1
10目
10目
1目
2
5
3
4
1

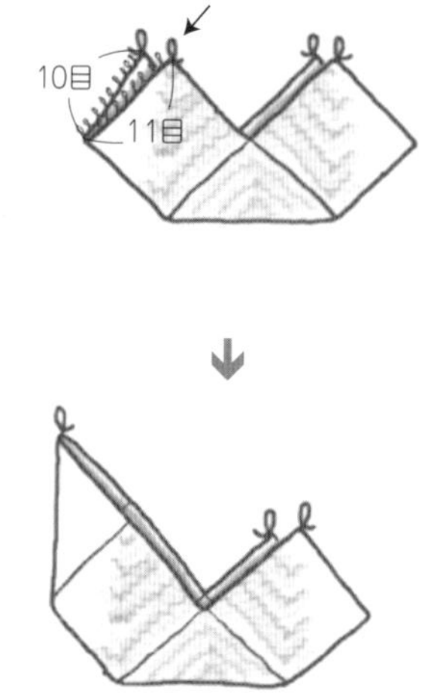

10目
11目

ふたの編み方

後ろ側は
ふたまで編む
前袋口は目を休めておく

縁の仕上げ方

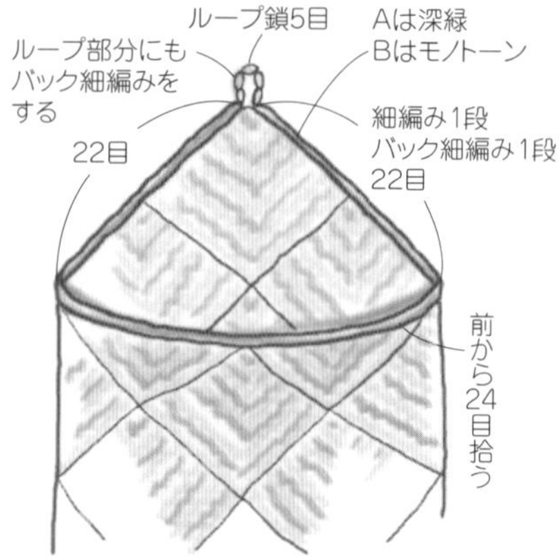

ループ鎖5目
ループ部分にも
バック細編みを
する
Aは深緑
Bはモノトーン
細編み1段
バック細編み1段
22目
22目
前から24目拾う

中袋のつけ方

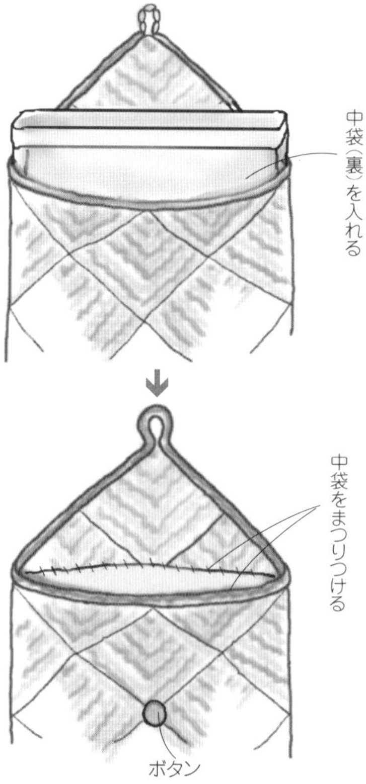

中袋(裏)を入れる
中袋をまつりつける
ボタン

Pen Case ☞P.19

ペンケース

Motif NO.4

◆材料

クリーンコットン　紺(15)15g、ブルー(23)15g、グレー(26)15g

中袋(ナイロンタフタ)　25×30cm

長さ20cmのデルリンファスナー　1本

◆用具

4号棒針、4/0号かぎ針

◆モチーフ

使用モチーフ：NO.4

目数：25目

モチーフサイズ：5cm角

◆作り方

＊モチーフは配色を変えた3種類のパターンを組み合わせて作る。

＊図のように16枚を編みつないだら、両端から目を拾ってガーター編みを2山編み、伏止めをする。

＊両端のガーター編みの部分を突合せにして、両脇から目を拾って輪にし、ガーター編みをして(図を参照)とじる。

＊袋口にファスナーをとじつけてから、中袋をファスナーテープにまつりつける

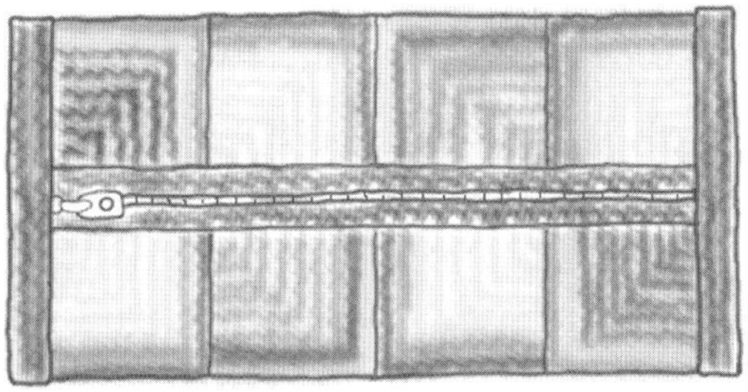

配色図

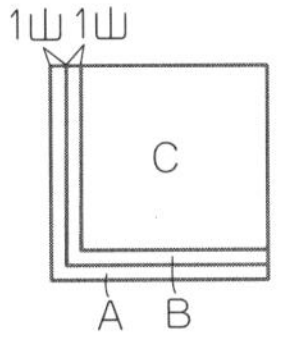

1山 1山
C
A B

A:グレー
B:紺
C:ブルー
} a

A:ブルー
B:グレー
C:紺
} b

A:紺
B:ブルー
C:グレー
} c

ペンケースの製図

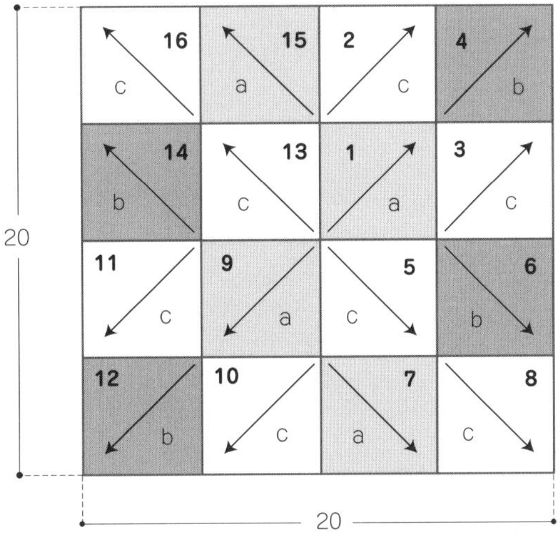

16 c
15 a
2 c
4 b
14 b
13 c
1 a
3 c
11 c
9 a
5 c
6 b
12 b
10 c
7 a
8 c
20
20

スタート

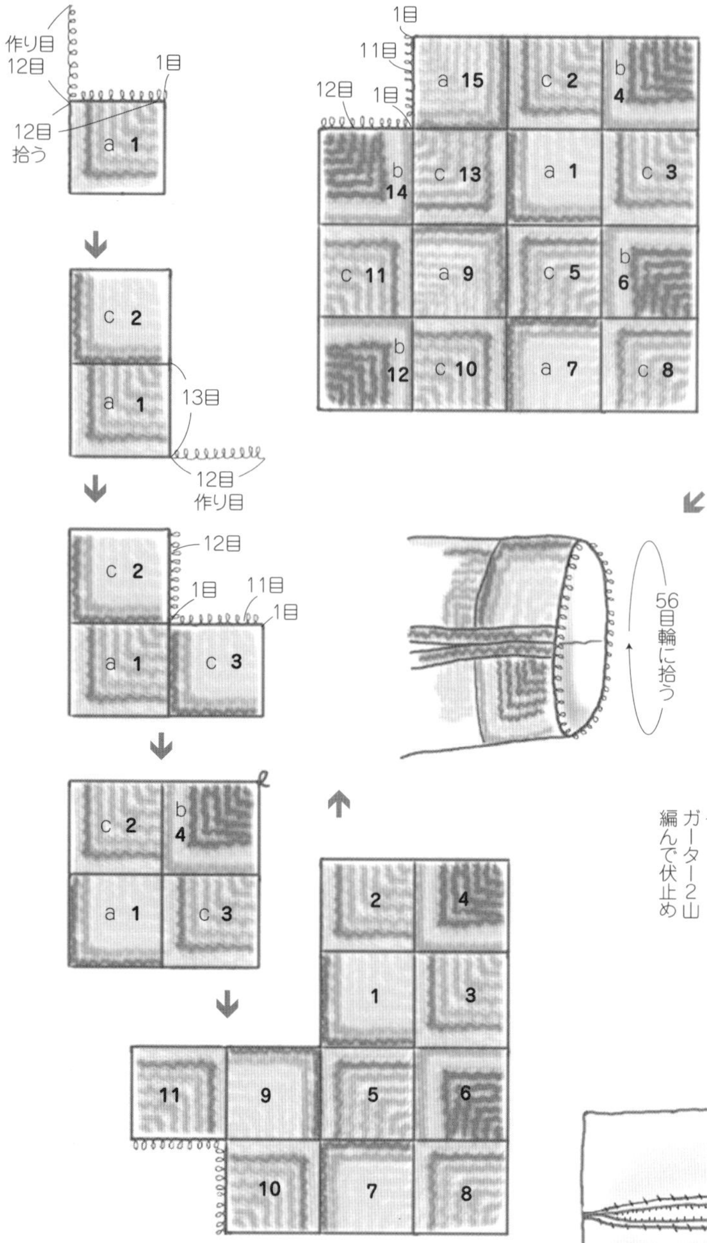

作り目
12目
1目
12目
拾う
a 1
c 2
13目
12目
作り目
12目
1目
11目
1目
c 3
b
4
1目
11目
12目
1目
a 15
c 2
b
4
b
14
c 13
a 1
c 3
c 11
a 9
c 5
b
6
b
12
c 10
a 7
c 8
56
目輪に拾う
2
4
1
3
11
9
5
6
10
7
8

縁編み

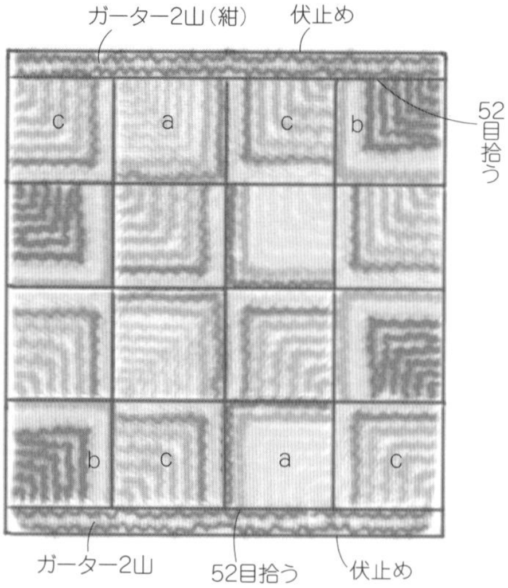

ガーター2山（紺）
伏止め
52
目拾う
c
a
c
b
b
c
a
c
ガーター2山
52目拾う
伏止め

縁の編み方（ガーター）

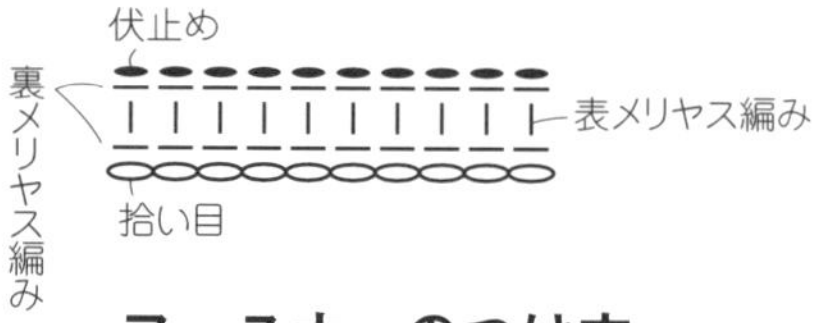

伏止め
裏メリヤス編み
表メリヤス編み
拾い目

ファスナーのつけ方

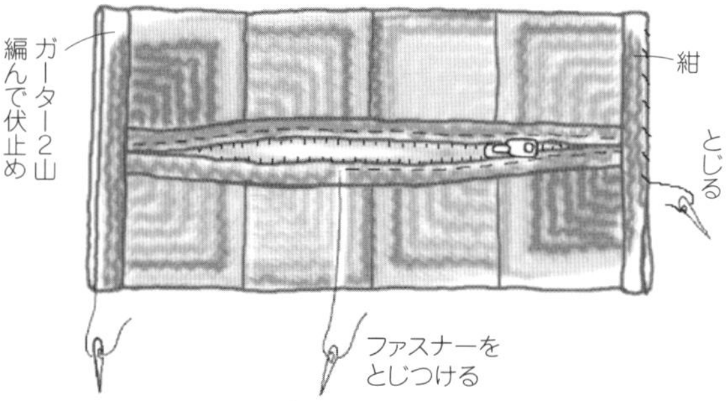

ガーター2山
編んで伏止め
紺
とじる
ファスナーを
とじつける

中袋のつけ方

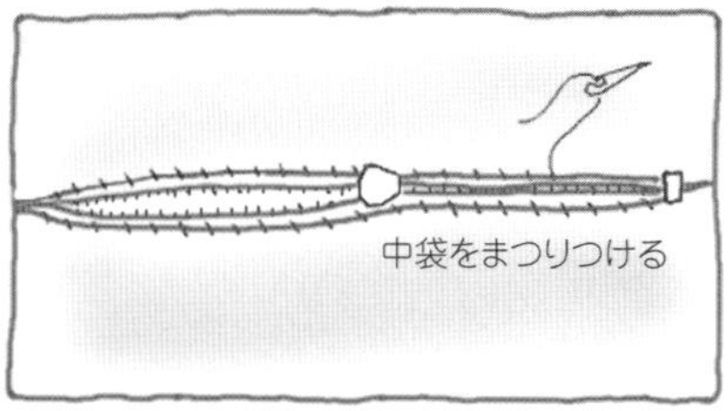

中袋をまつりつける

Daily Bags ☞P.20

オータムカラーのデイリーバッグ

Motif NO.1

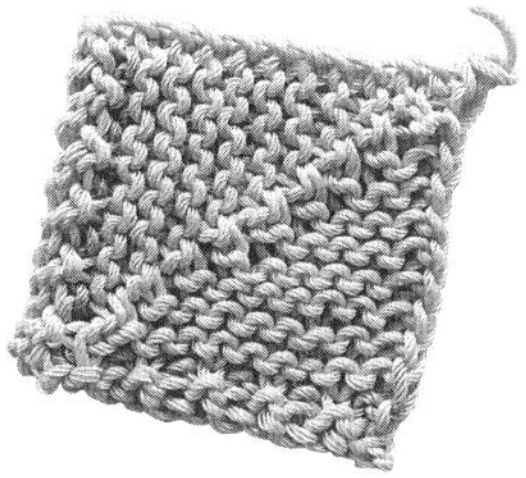

Motif NO.6

◆材料

バンブー持ち手バッグ：フェアレディー　チャコールグレー(49)40g、黒(50)50g

中袋(黒のブロード)　30×60cm

持ち手　1組み

編出し持ち手バッグ：フェアレディー　紺(27)60g、カーキ色(36)60g

中袋(カーキ色のブロード)　30×80cm

◆用具

5号棒針、5/0号かぎ針

◆モチーフ

使用モチーフ：**バンブー持ち手バッグ**　NO.1、NO.6

編出し持ち手バッグ　NO.1

目数：25目

モチーフサイズ：5.5cm角

◆作り方

バンブー持ち手バッグ

＊黒糸でモチーフのNO.1を、チャコールグレーと黒でNO.6のモチーフを作ってつないでいく。

＊あきの部分のモチーフ端には引抜き編みをする。

＊ブロードで中袋を作り、図を参照してとじつける。

＊袋口を折り返し、持ち手をつける。

編出し持ち手バッグ

＊紺で底の2枚を作ってから編みつないでいく。持ち手は輪になるようにするため、別モチーフをカーキ色で編んで、つないでいく。

＊袋口端の折返しの部分は、後から三角を2枚編みつないで、大きな三角を作る。

＊持ち手の最後は反対側の袋部分ととじ合わせる。

＊中袋を作ってとじつけるが、持ち手の中にも輪に縫った布を差し込み、中袋と縫い合わせてから持ち手端をかぶせ、まつりつける。

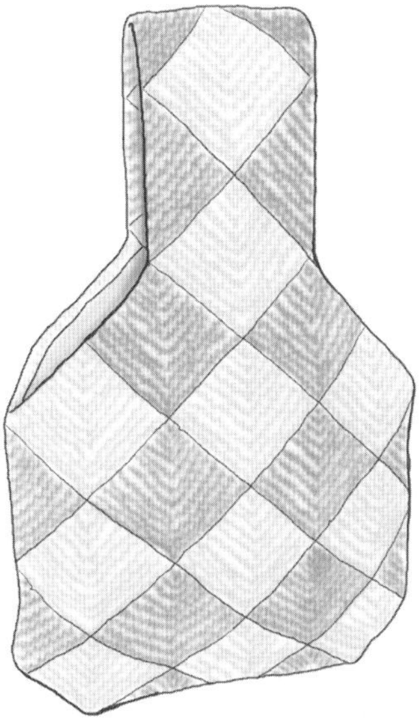

バンブー持ち手バッグの製図

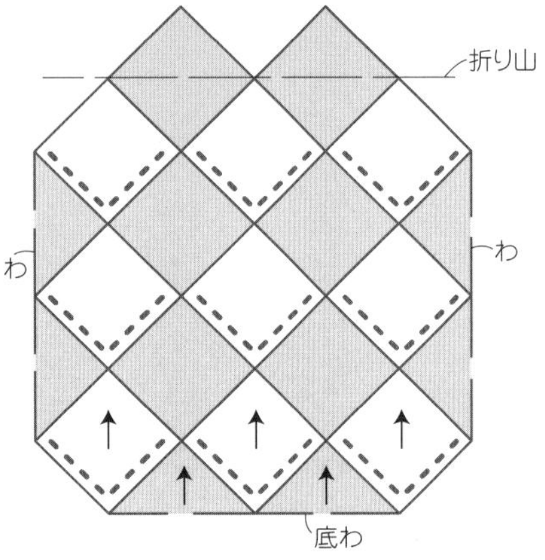
折り山
わ
わ
底わ

引抜き編み

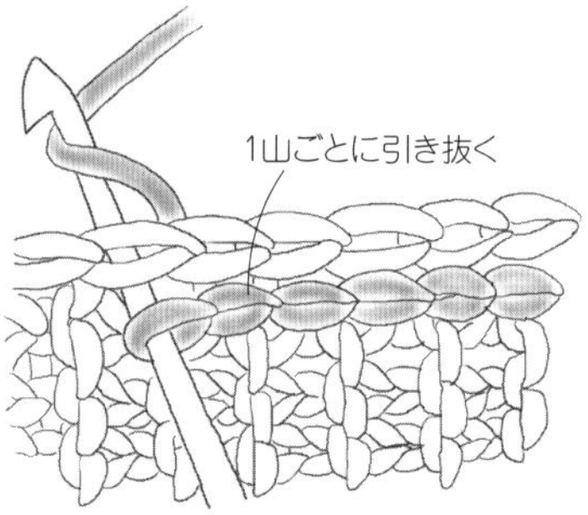
1山ごとに引き抜く

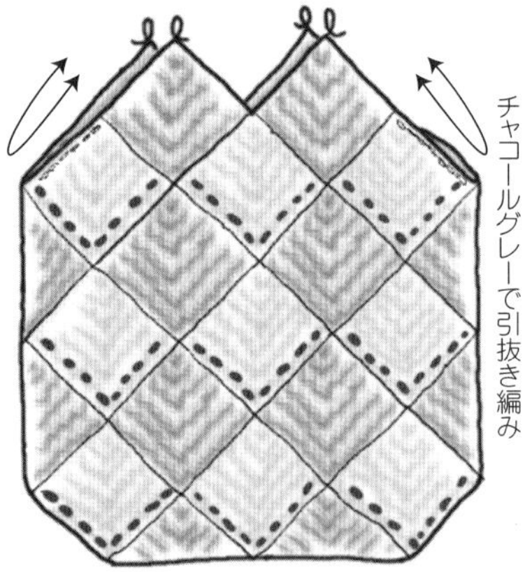
チャコールグレーで引抜き編み

中袋のつけ方

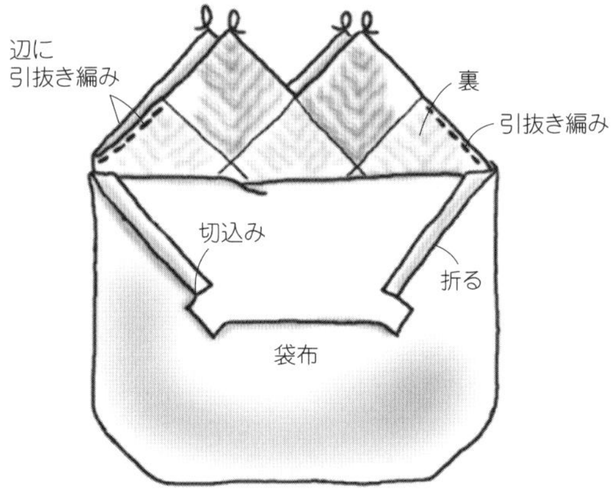
辺に
引抜き編み
裏
引抜き編み
切込み
折る
袋布

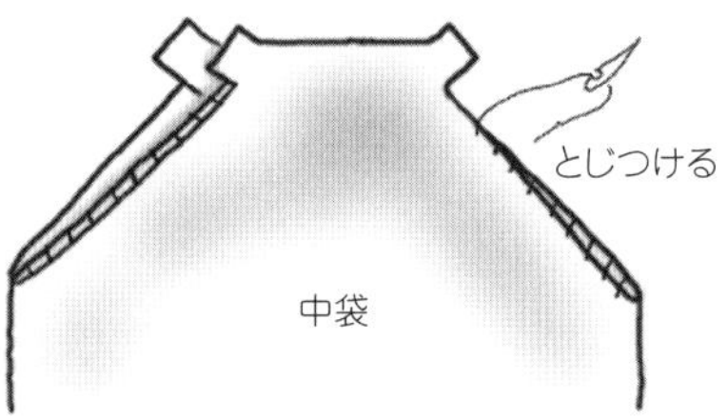
とじつける
中袋

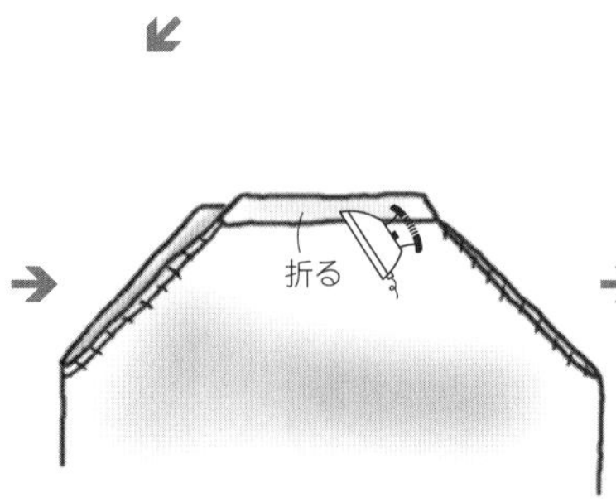
折る

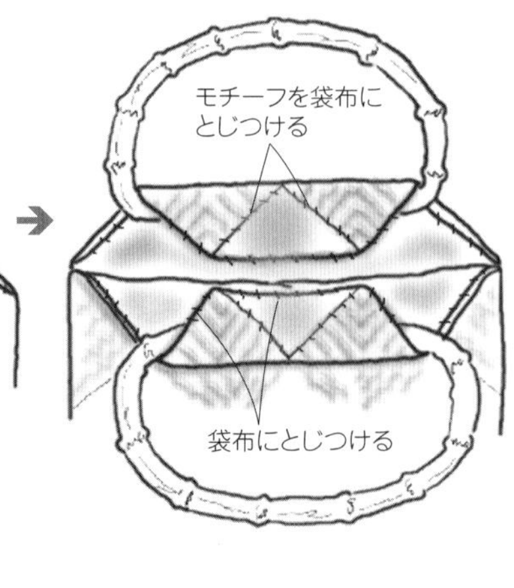
モチーフを袋布に
とじつける
袋布にとじつける

編出し持ち手バッグの製図

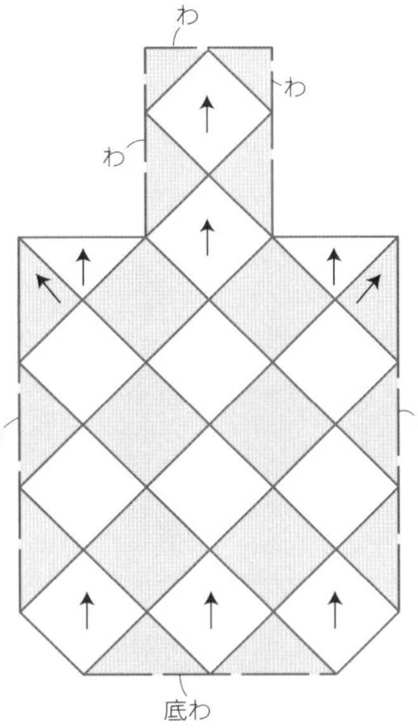

わ
わ
わ
わ
わ
底わ

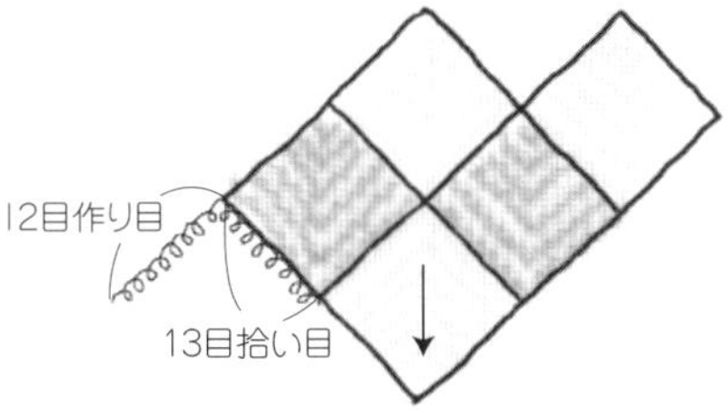

12目作り目
13目拾い目

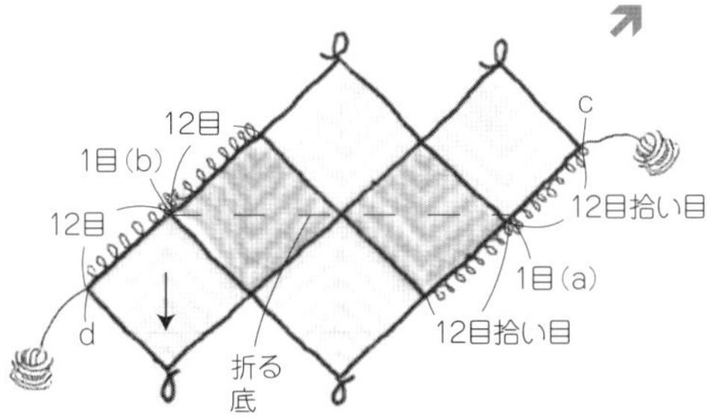

12目
1目（b）
12目
c
12目拾い目
1目（a）
12目拾い目
d
折る
底

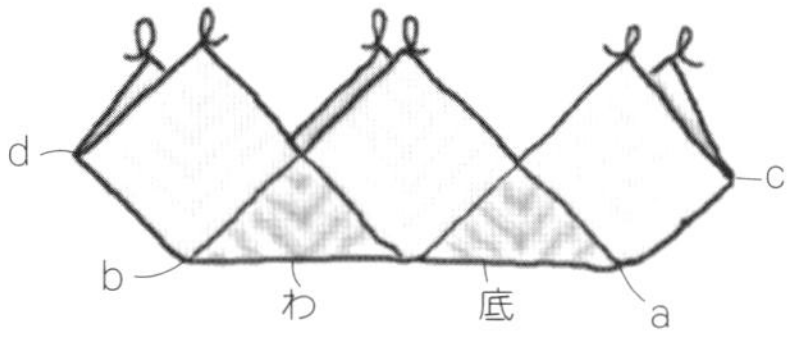

d
c
b
わ
底
a

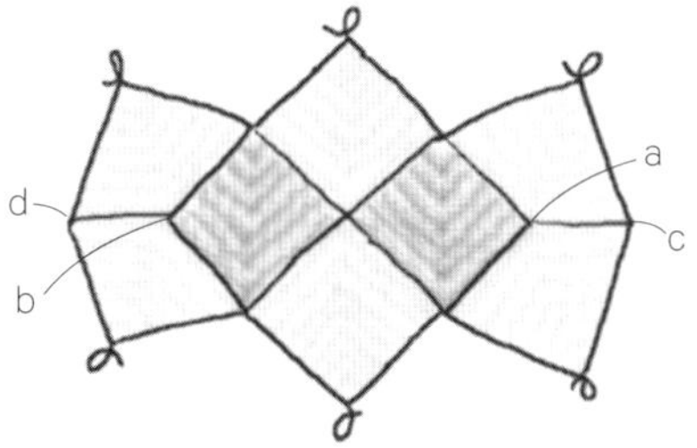

a
d
c
b

スタート

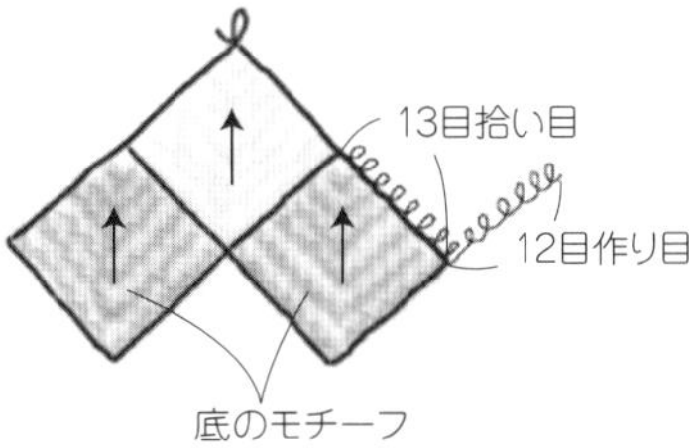

13目拾い目
12目作り目
底のモチーフ

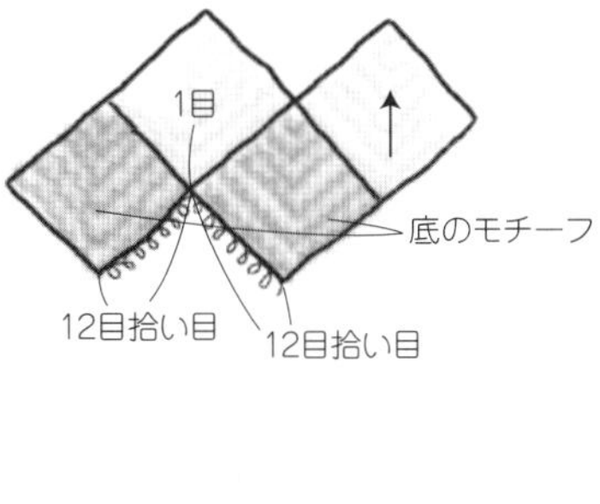

1目
底のモチーフ
12目拾い目
12目拾い目

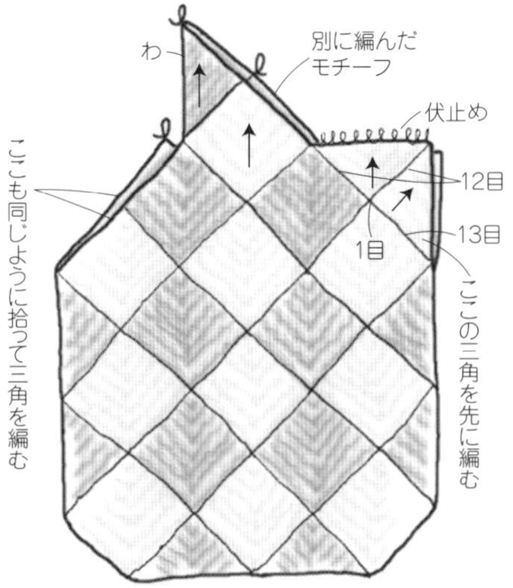

わ
別に編んだ
モチーフ
伏止め
12目
13目
1目
ここも同じように拾って三角を編む
ここの三角を先に編む

★三角モチーフの編み方は36ページ参照

持ち手の仕上げ方

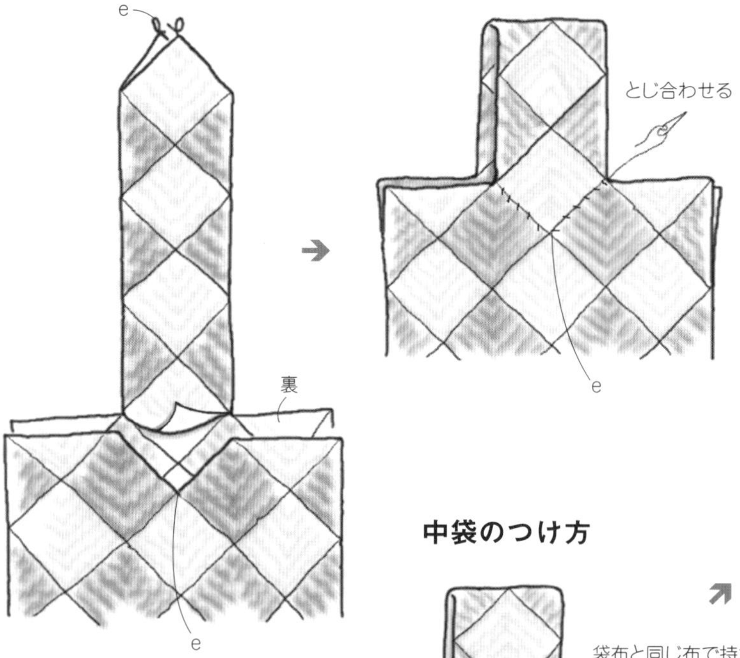
e
裏
e
とじ合わせる
e

中袋のつけ方

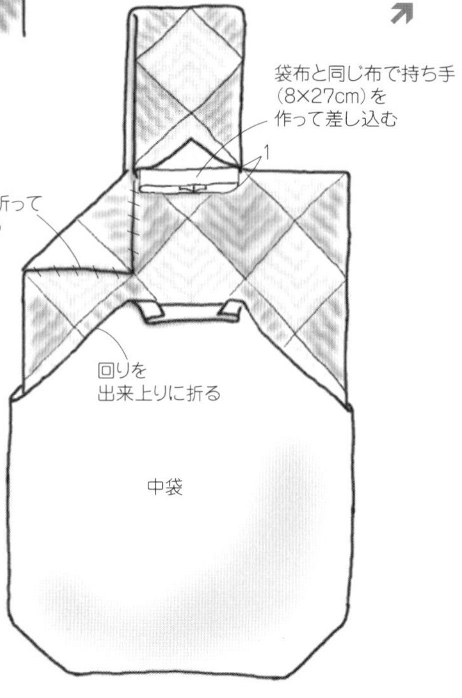
袋布と同じ布で持ち手（8×27cm）を作って差し込む
1
三角部分を折ってまつりつける
回りを出来上りに折る
中袋

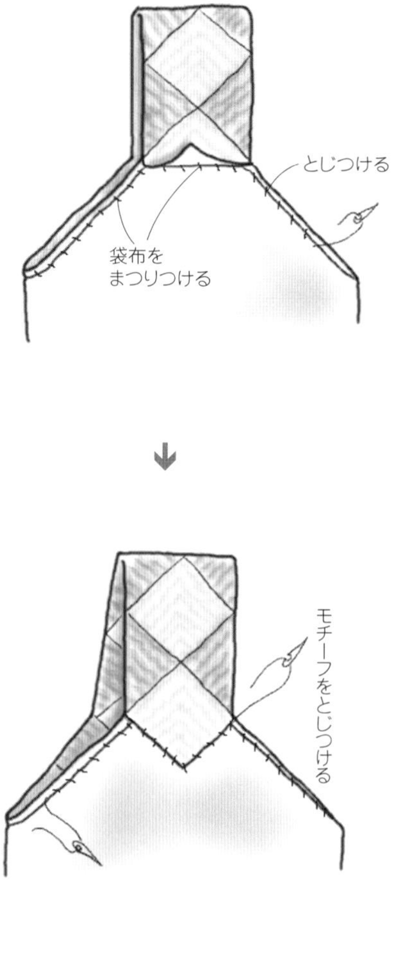
とじつける
袋布をまつりつける
モチーフをとじつける

★中袋は編み上がった袋を型紙代りにして、回りに1cmの縫い代をつけて裁つ

Felt Bags ☞P.22

ウォッシュアウトのフェルトバッグ

Motif **NO.1**

Motif **NO.5**

◆**材料**

ボタンつきの濃淡バッグ：フェアレディー　パープル(75)80g、サモンピンク(53)80g

太さ1cmのロープ　60cm

直径1cmのボタン　12個

バンブー持ち手のドットバッグ：フェアレディー　ラベンダー(71)80g、トルコブルー(66)20g

バンブーの持ち手　1組み

◆**用具**

ボタンつきの濃淡バッグ：10号棒針、4号輪針

バンブー持ち手のドットバッグ：5号棒針

◆**モチーフ**

使用モチーフ：**ボタンつきの濃淡バッグ**　NO.1

バンブー持ち手のドットバッグ　NO.5

目数：25目

モチーフサイズ：**ボタンつきの濃淡バッグ**　編上り約7cm角、洗った後は約5.5cm角　**バンブー持ち手のドットバッグ**　編上り約5.5cm角、洗った後は約5cm角

◆**作り方**

ボタンつきの濃淡バッグ

＊袋の部分は57ページと同じ編み方だが、10号の編み針を使ってゆるいゲージで編む。

＊持ち手は4号輪針に作り目をしてから袋口から目を拾い、92目で表に裏メリヤスが出るように輪に編む。

＊袋口と持ち手の部分にロープを入れてとじ合わせる。

＊60℃のお湯で、通常の洗濯と同じように洗濯機で30分ぐらい洗ってからすすぎ、形を整えて乾かすと、元の5/6ぐらいに縮んでフェルト状になる。

＊共糸でボタンをつける。

バンブー持ち手のドットバッグ

＊袋の形は20ページと同じ。

＊ボタンのバッグと同じようにフェルト化させてから持ち手をつける。

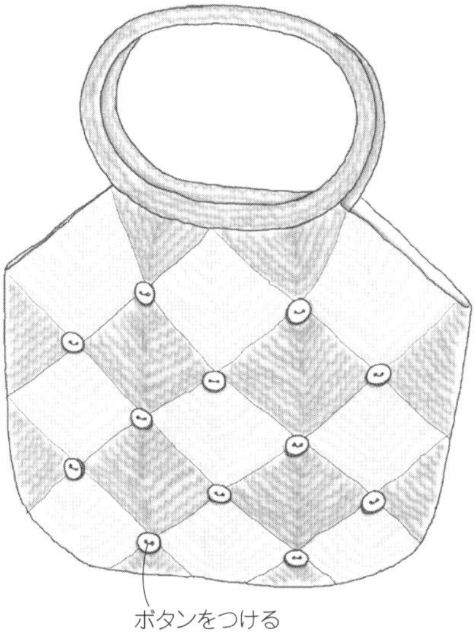
ボタンをつける

ボタンつきの濃淡バッグの製図

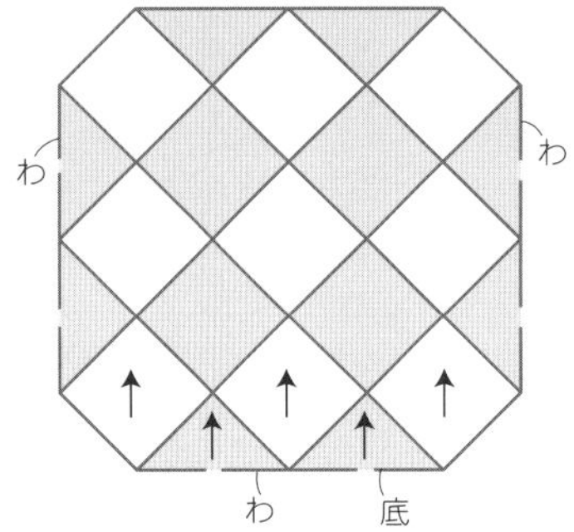

わ
わ
わ
底

★バッグの編み方は57～60ページと同じ

バンブー持ち手のドットバッグの製図

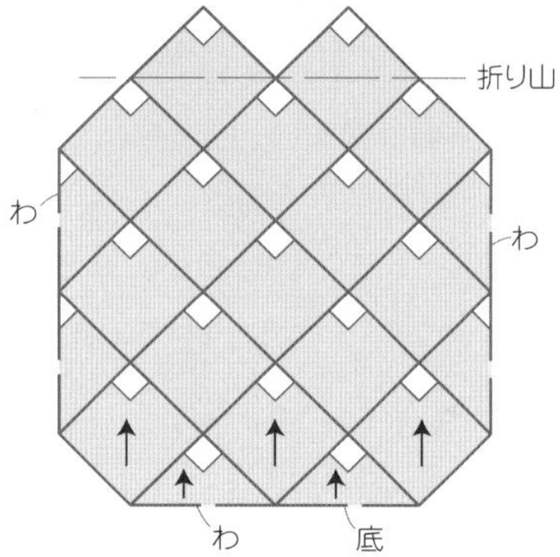

折り山
わ
わ
わ
底

持ち手の編み方

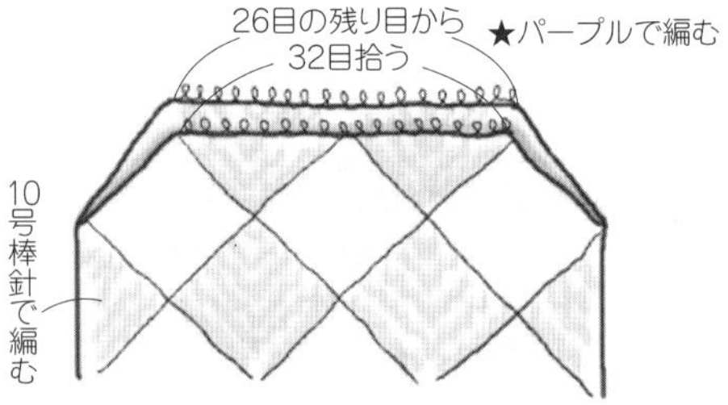

26目の残り目から
32目拾う
★パープルで編む
10号棒針で編む

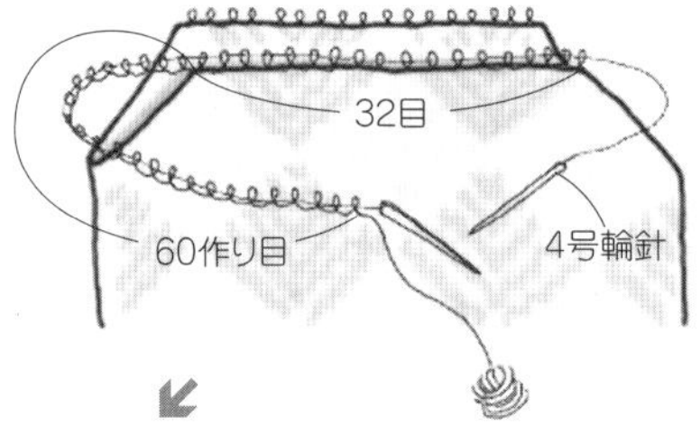

32目
60作り目
4号輪針

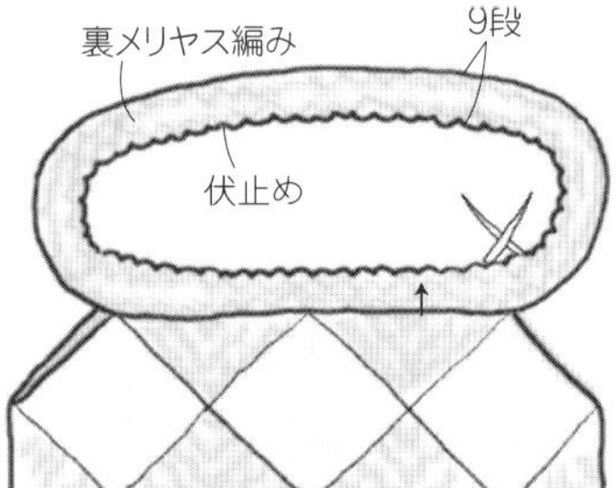

裏メリヤス編み
9段
伏止め

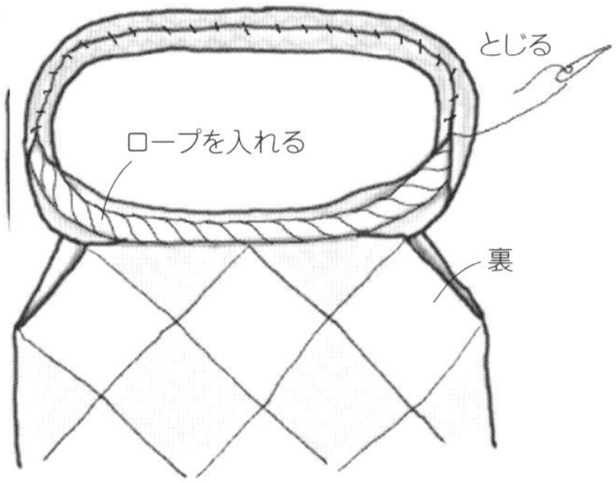

とじる
ロープを入れる
裏

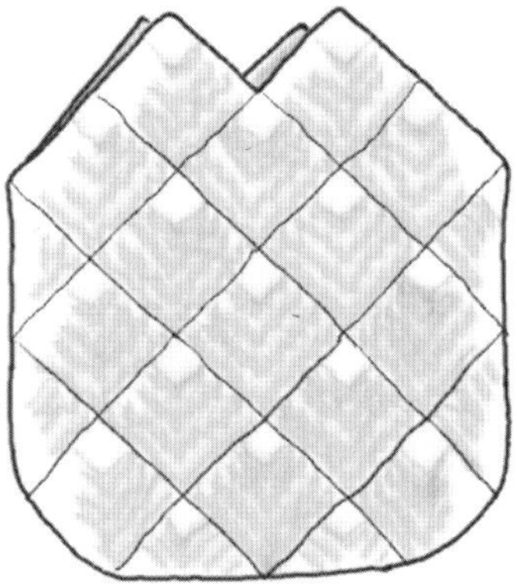

洗って縮めた袋

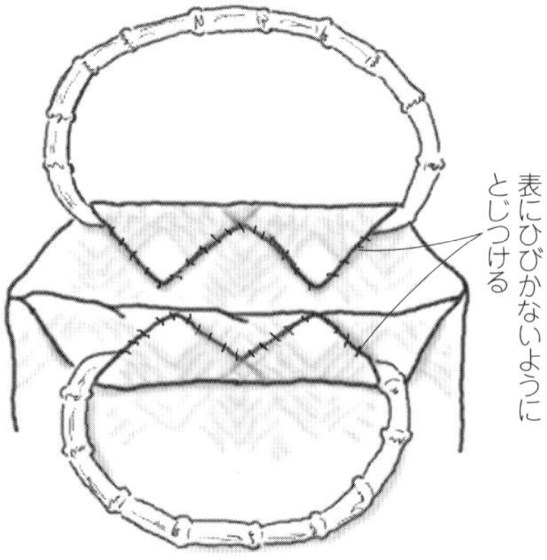

表にひびかないようにとじつける

Theater Bags ☞ P.24

☞ P.24

おしゃれなシアターバッグ

Motif NO.1

Motif NO.3

◆材料

チェッカー柄のお出かけバッグ：リーブルコットン　黒(16)55g、グレー(9)45g

中袋(ナイロンタフタ)　30×50cm

籐の持ち手　1組み

パールのおしゃれバッグ：コルビア　生成り(1)40g

直径2mmのパールビーズ　1520個ぐらい

直径8mmのパールビーズ　6個

中袋(ナイロンタフタ)　20×50cm

ビーズの持ち手　30cm2本

◆用具

3号棒針、3/0号かぎ針

◆モチーフ

使用モチーフ：**チェッカー柄のお出かけバッグ**　NO.1

パールのおしゃれバッグ　NO.3

目数：17目

モチーフサイズ：**チェッカー柄のお出かけバッグ** 3cm角

パールのおしゃれバッグ 2.7cm角

◆作り方

チェッカー柄のお出かけバッグ

＊黒とグレーを段ごとに交互にバッグと同じように編みつなぎ、図のような形にする。

＊中袋をとじつけて、持ち手をはさんでつける。

パールのおしゃれバッグ

＊2mmのパールビーズはあらかじめ糸に通しておく。

＊モチーフはすべて3段めでパールビーズを編み込む。

＊モチーフのつなぎ方は64ページの図のように、まず1段めと2段めを片面分編んだところで、1段めをダブルに編みながら2段めを編みつなぐ。

＊最後の段は三角のモチーフを編み、細編み1段、バック細編み1段を編んで仕上げる。

＊中袋を作って袋口にとじつける。このとき持ち手を差し込んでしっかり止めつける。

＊裾の三角の先に8mmのパールビーズをつける。

チェッカー柄のお出かけバッグの製図

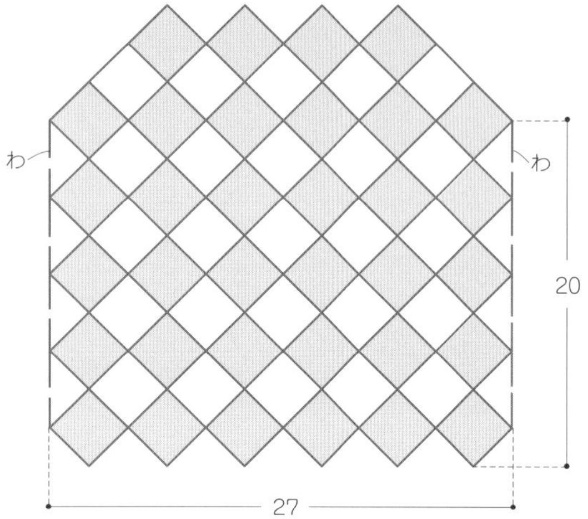
わ
わ
20
27

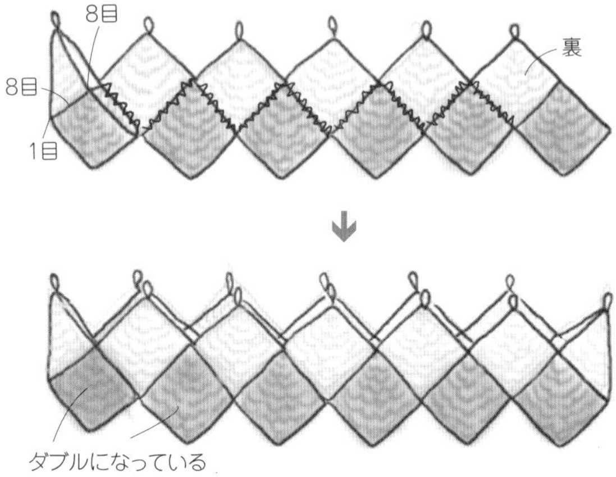
8目
8目
1目
裏
ダブルになっている

スタート

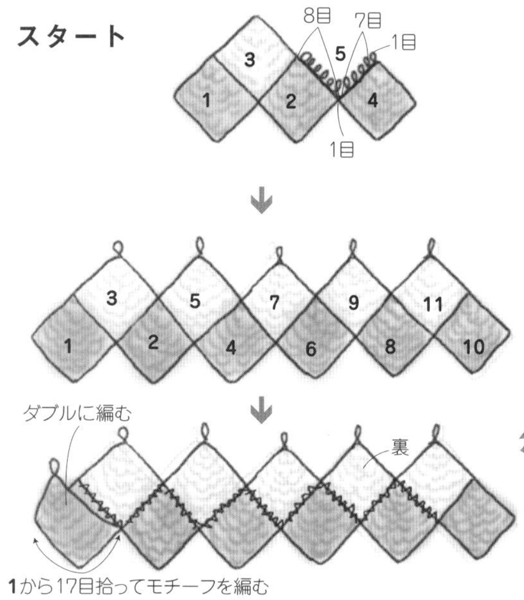
8目
7目
1目
3
5
1
2
4
1目
3
5
7
9
11
1
2
4
6
8
10
ダブルに編む
裏
1から17目拾ってモチーフを編む

中袋と持ち手のつけ方

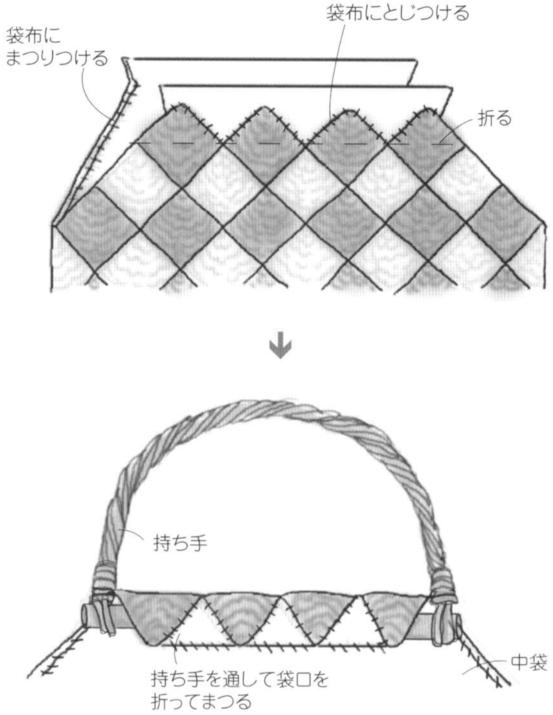
袋布に
まつりつける
袋布にとじつける
折る
持ち手
中袋
持ち手を通して袋口を
折ってまつる

パールのおしゃれバッグの製図

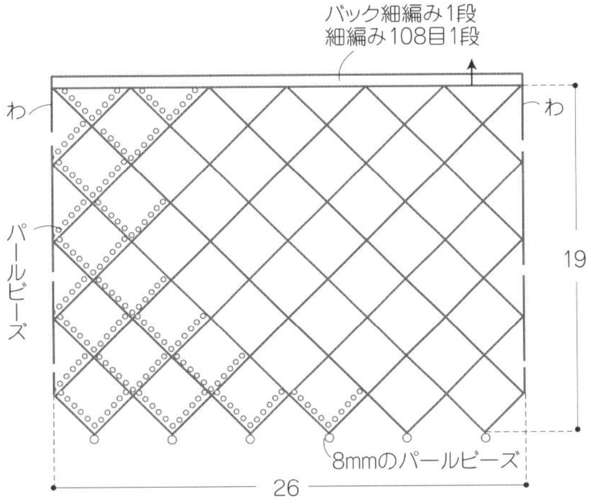

バック細編み1段
細編み108目1段
わ
わ
パールビーズ
19
8mmのパールビーズ
26

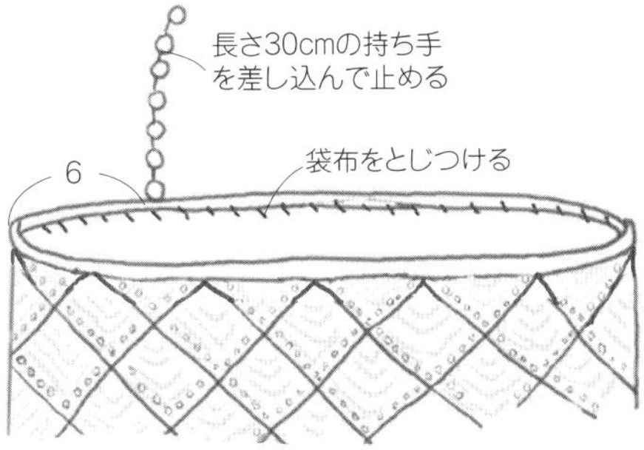

長さ30cmの持ち手
を差し込んで止める
6
袋布をとじつける

模様編みの編み方図

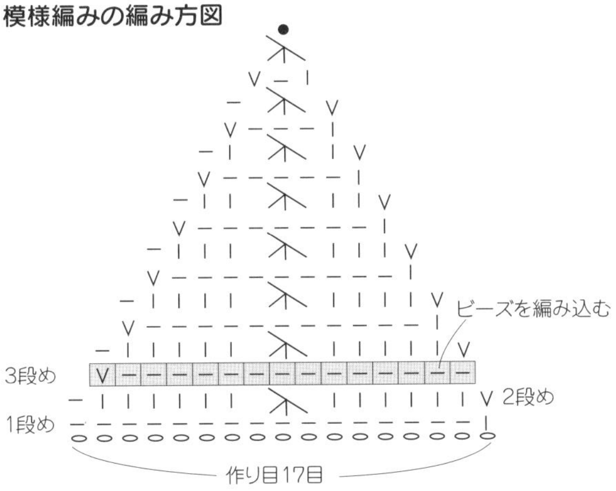

ビーズを編み込む
3段め
2段め
1段め
作り目17目

ビーズの通し方

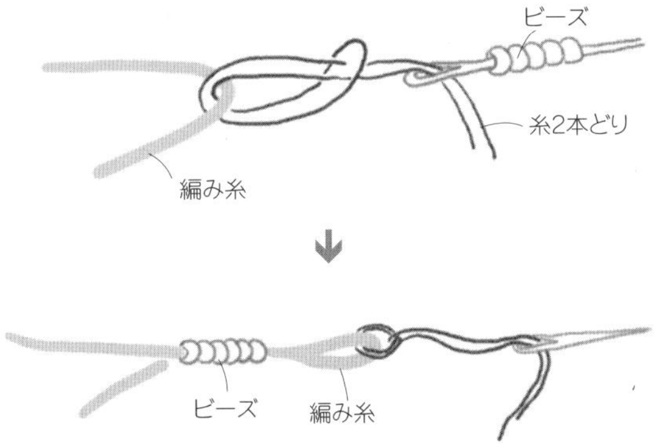

ビーズ
糸2本どり
編み糸
ビーズ
編み糸

ビーズの編込みの仕方

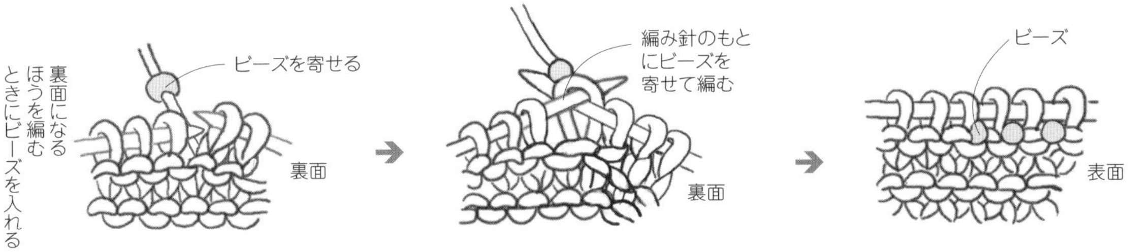

裏面になる
ほうを編む
ときにビーズを入れる
ビーズを寄せる
裏面
編み針のもと
にビーズを
寄せて編む
裏面
ビーズ
表面

Lacy Balloon-Bags ☞P.26

レース柄のバルーンバッグ

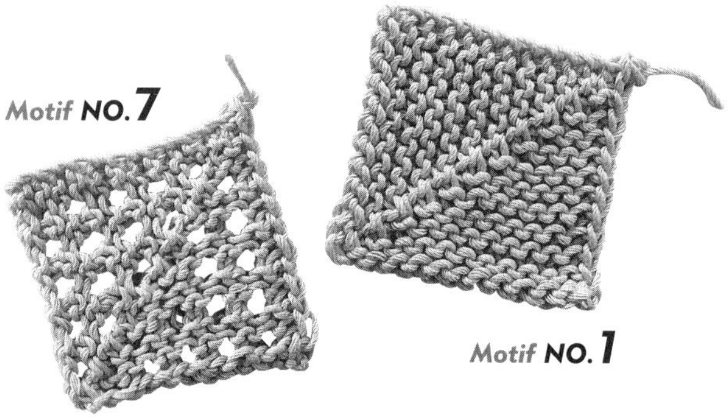
Motif NO.7
Motif NO.1

◆**材料**

生成りのバッグ：リネアコットン　生成り(1)100g
太さ0.6cmの黒のコード　1.4m
黒のバッグ：リネアコットン　黒(13)80g
太さ0.4cmの生成りのコード　1.4m
ロープエンド　4個

◆**用具**

4号棒針、4/0号かぎ針

◆**モチーフ**

使用モチーフ：NO.1、NO.7
目数：**生成りのバッグ**31目　**黒のバッグ**27目
モチーフサイズ：**生成りのバッグ**7cm角
黒のバッグ6cm角

◆**作り方**

＊底の4枚を図を参照して編みつなぐ。右ページの図は生成りのバッグで説明しているので、黒の場合は27目に置き換えて編む。
＊底の4枚ができたら、各辺から目を拾ってNO.7のモチーフを編む。
＊次の段からはNO.1のモチーフと交互に編み、最後がNO.1になるように全部で6段編む。
＊縁にバック細編みをして編上り。
＊編み上がった袋を水でぬらし、風船を入れてふくらむところまでふくらませて、そのまま乾かし、乾いてから風船をはずすときれいな丸い形になる。
＊コードはレースの部分に通す。

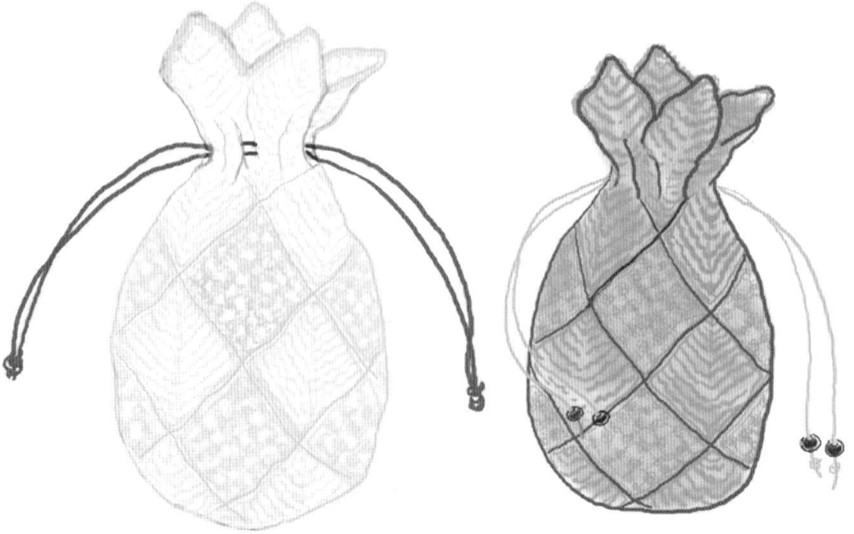

スタート

No.1のモチーフで底を編む

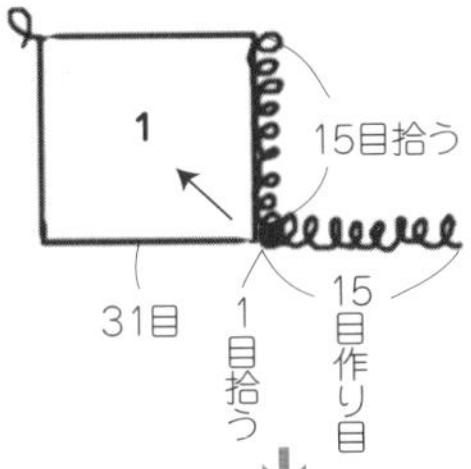
1
15目拾う
31目
1目拾う
15目作り目

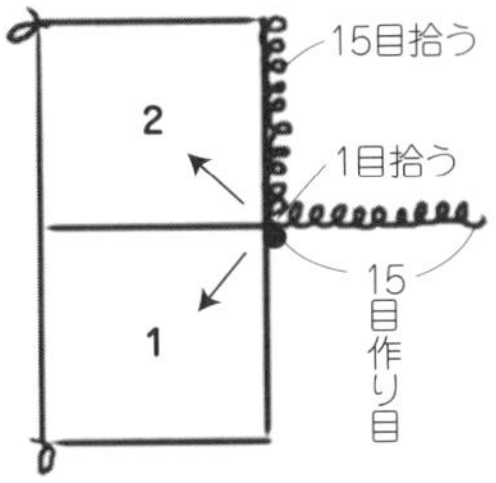
2
1
15目拾う
1目拾う
15目作り目

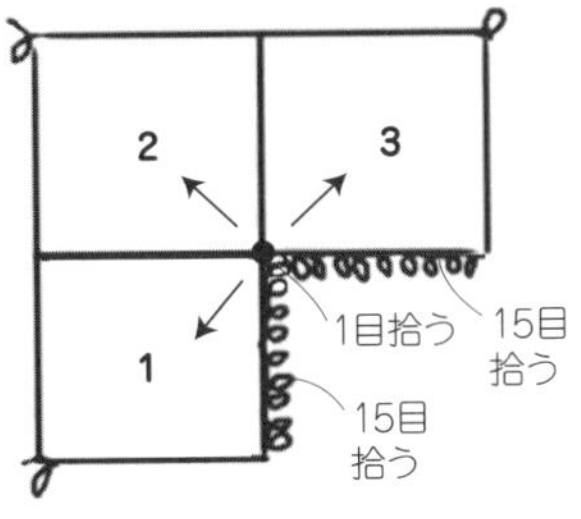
2
3
1
1目拾う
15目拾う
15目拾う

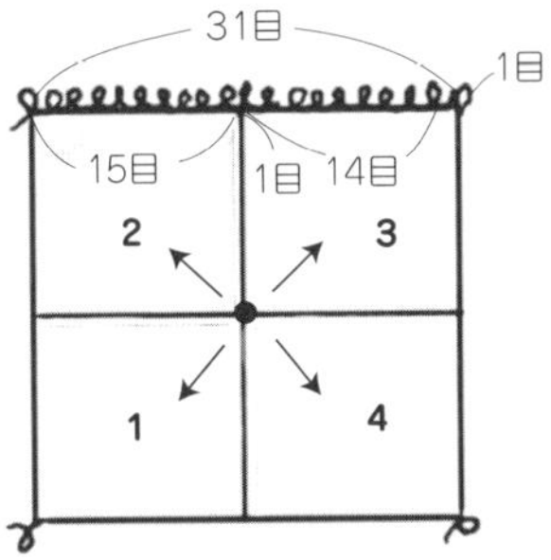
31目
1目
15目
1目
14目
2
3
1
4

各辺から目を拾って
レース柄のモチーフ(No.7)を
編む

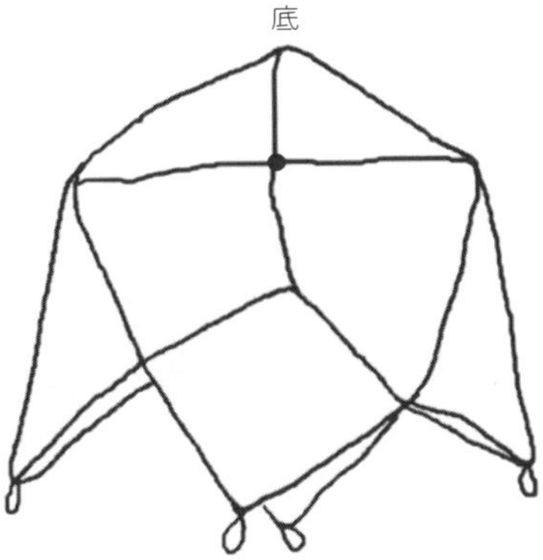
底

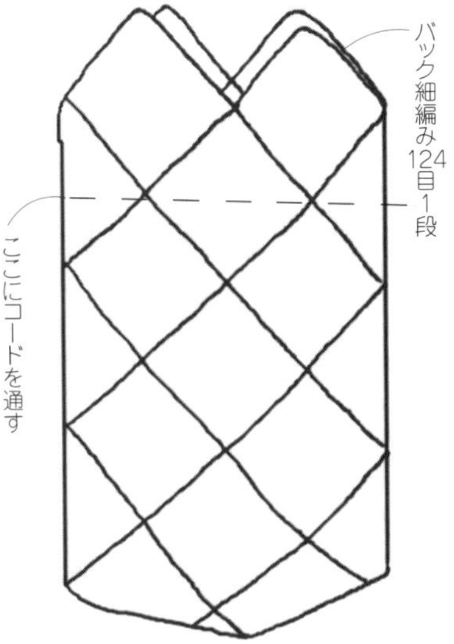
バック細編み124目1段
ここにコードを通す

丸い形をつける方法

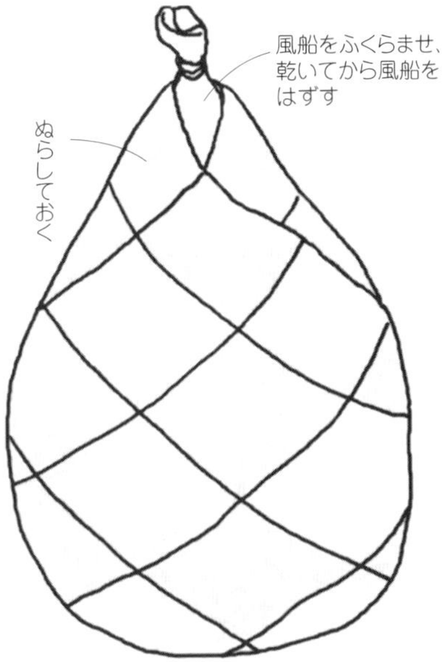
風船をふくらませ、
乾いてから風船を
はずす
ぬらしておく

Scarf and shawl in one ☞ *P.28*

巻き方いろいろふわふわショール

Motif NO.1

◆**材料**

スイングモヘア　紺(18)30g、ブルー(15)15g、ペパーミントグリーン(7)10g、焦げ茶色(19)12g

◆**用具**

3号棒針、3号輪針

◆**モチーフ**

使用モチーフ：NO.1

目数：23目

モチーフサイズ：5.5cm角

◆**作り方**

＊紺でモチーフを16枚編んでおき、35ページを参照してブルーと編みつないで輪にする。

＊全体に5段編んだら、ペパーミントグリーンで輪針を使って1山から24目ずつ拾う(全部で384目)。

＊1段めと3段めは裏メリヤス編みで、2段めの表メリヤス編みのとき、谷の部分では3目一度、山の部分では2目増し目をする。

＊縁の三角は1山から23目ずつ拾って編む。

＊最後に焦げ茶色で、全体で272目拾って6段表メリヤス編みで輪に編み、ゆるく伏止めする。

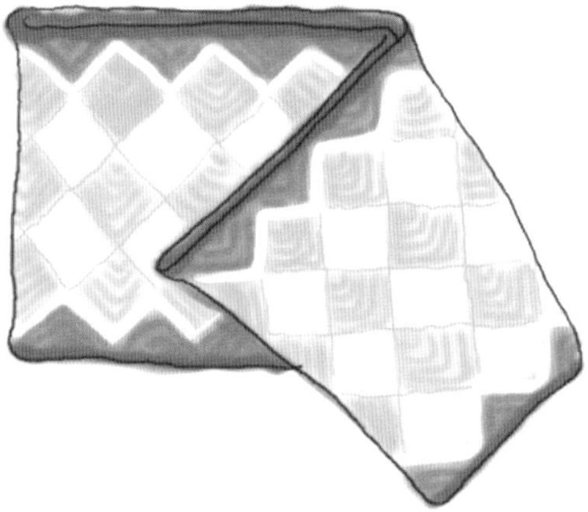

製図

A:紺
B:ブルー
C:ペパーミントグリーン
D:焦げ茶色

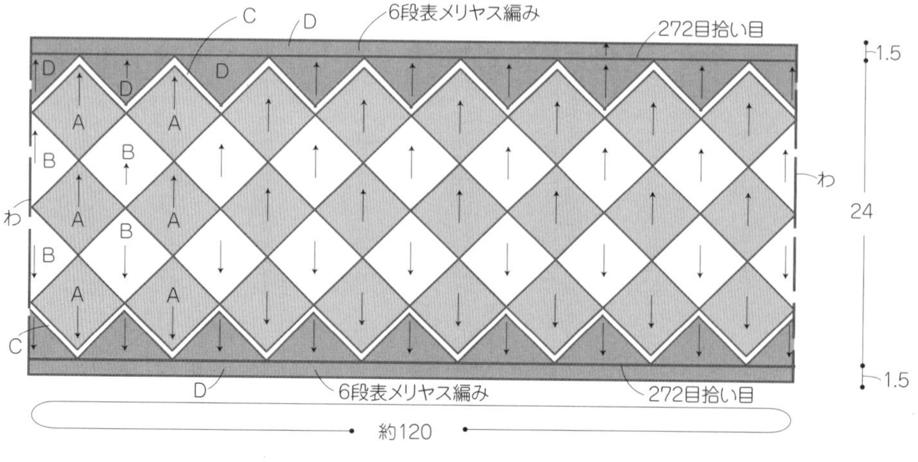

C
D
6段表メリヤス編み
272目拾い目
D
D
D
A
A
B
B
わ
A
A
B
B
A
A
C
わ
24
1.5
1.5
D
6段表メリヤス編み
272目拾い目
約120

・輪に編みつなぐ

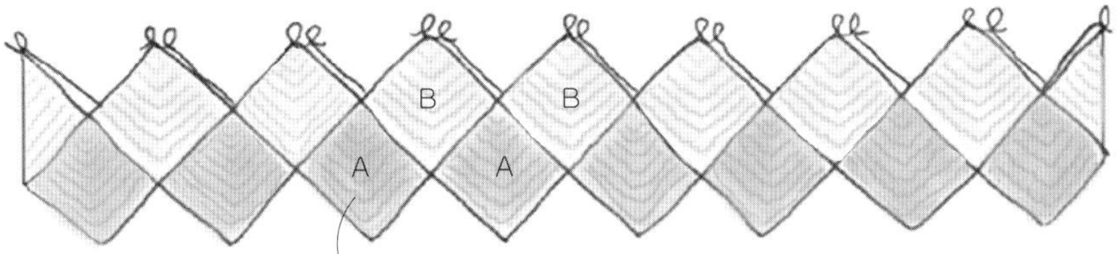
B
B
A
A

Aのモチーフをまず16枚編んでから
Bをつなぎ、輪にする

A
A
B
B
A
A

次にAのモチーフを編みつなぐ

C（ペパーミントグリーン）で4段編む
各三角から23目＋1目（○）拾う

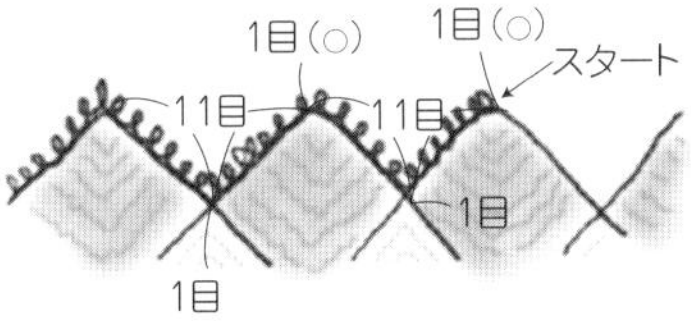
1目（○）
1目（○）
スタート
11目
11目
1目
1目

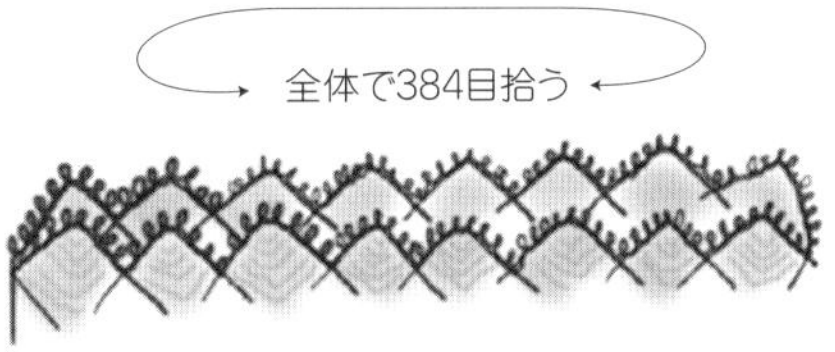
全体で384目拾う

ペパーミントグリーン2山（4段）の編み方

Cの1段めと3段めは裏メリヤス編み、
2段めと4段めは表メリヤス編み

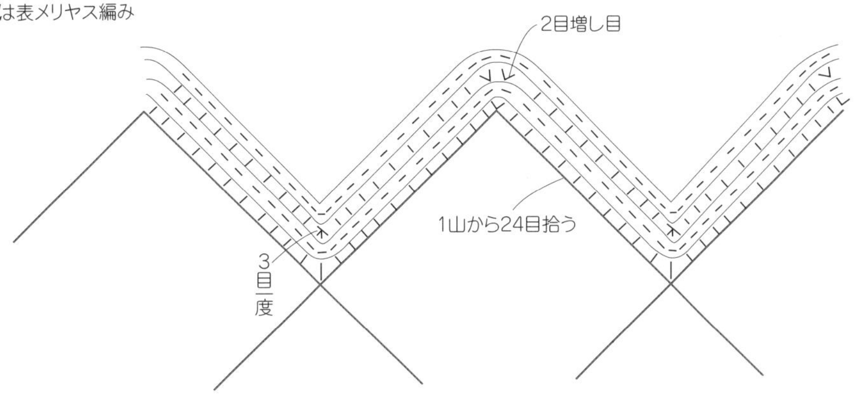
2目増し目
1山から24目拾う
3目一度

三角の編み方

D（焦げ茶色）で三角を編む

24目から23目ずつ拾って三角を編む（1目残しておく）

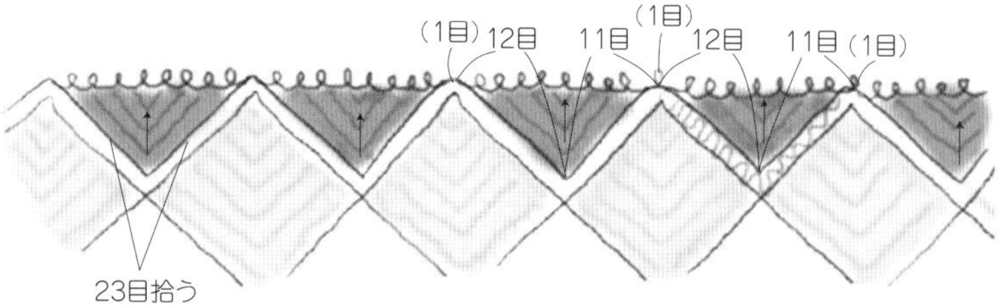

（1目）
12目
11目
（1目）
12目
11目
（1目）
23目拾う

縁編み

Dで縁編みをする（表メリヤス編みで輪編み）
全体で272目拾って6段編み、ゆるく伏止めする

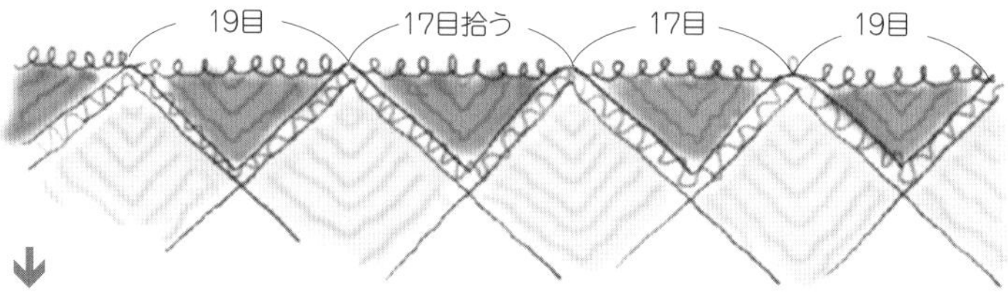

19目
17目拾う
17目
19目

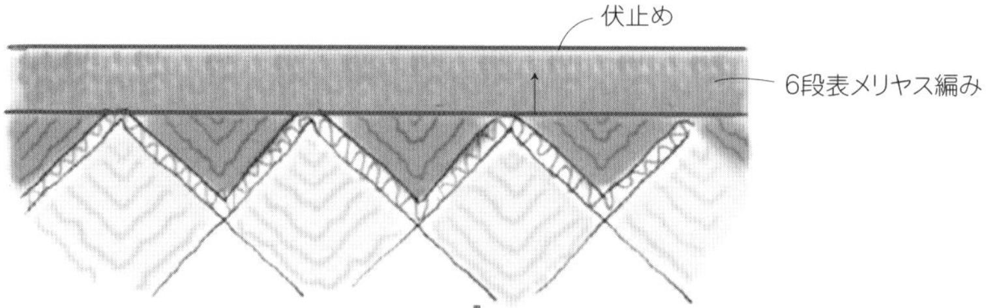

伏止め
6段表メリヤス編み

反対側も同様に編む

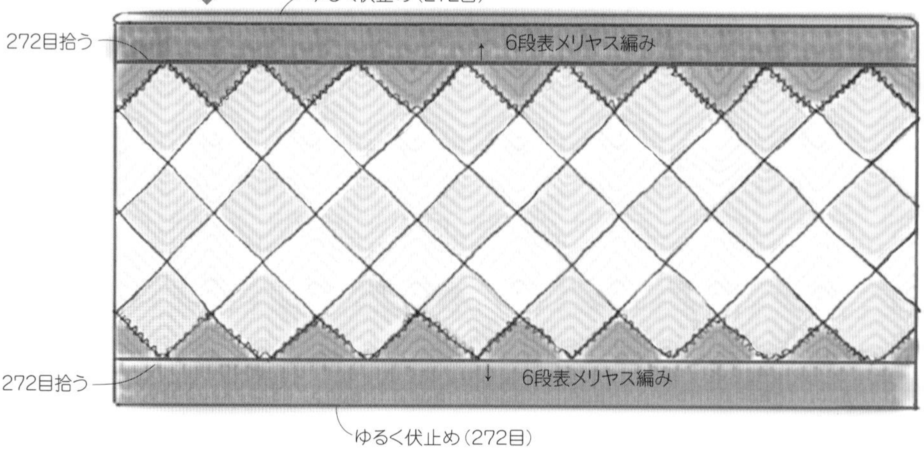

ゆるく伏止め（272目）
272目拾う
6段表メリヤス編み
272目拾う
6段表メリヤス編み
ゆるく伏止め（272目）

Shrug ☞ *P.30*

スイートカラーのマーガレット

Motif NO.1

◆**材料**

フェアレディー　オリーブグリーン(13)70g、ピンク(74)75g、水色(54)65g、砂色(43)75g、薄いグレー(60)60g、ベージュ(58)55g

◆**用具**

5号棒針

◆**モチーフ**

使用モチーフ：NO.1

目数：27目、25目、23目、21目、19目、17目、15目、13目、11目

モチーフサイズ：6～2.5cm角

◆**作り方**

✱27目のモチーフを45枚つないで背の部分を作る。

✱25目のモチーフからは編みつなぐ方向を変え、輪につないで、だんだん小さなモチーフにしていく。

✱袖口は36目拾って、裏メリヤス編み1段編んでから、10段表メリヤス編みで輪に編み、伏止めにする。

✱衿回りは155目拾って裏メリヤス編みを1段編んでから、表メリヤス編みを8段編んで伏止めにする。

✱後ろ身頃の裾にポンポンを作ってつける。作り方は40ページを参照。

製図

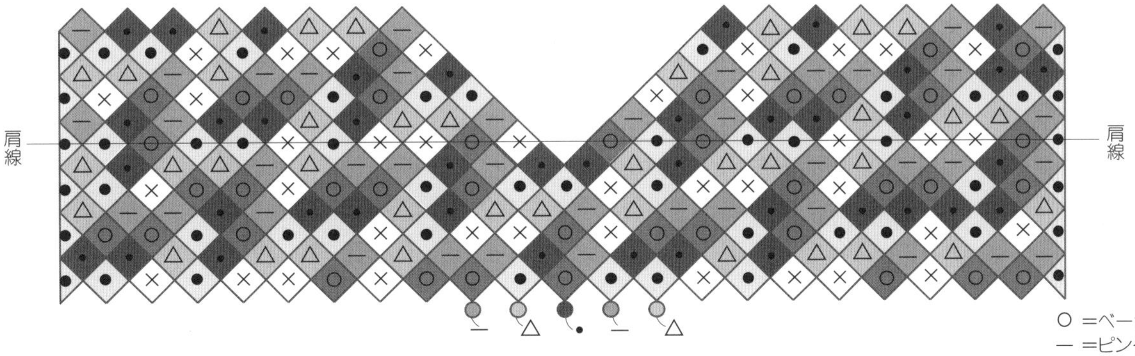
肩線
肩線

○ =ベージュ
― =ピンク
• =オリーブグリーン
△ =水色
× =薄いグレー
● =砂色

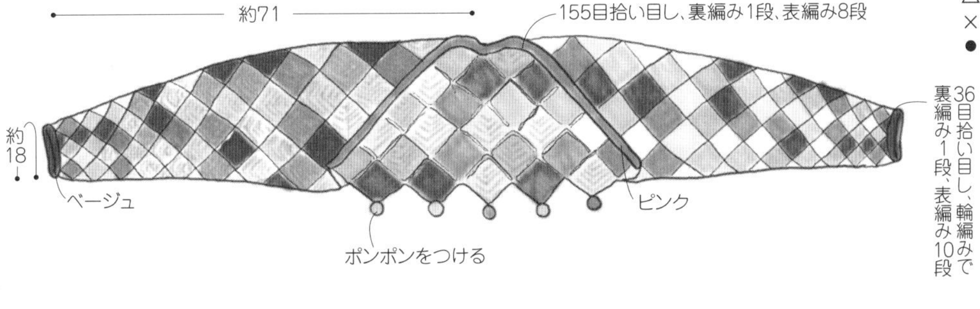
約71
155目拾い目し、裏編み1段、表編み8段
約18
ベージュ
ピンク
ポンポンをつける
36目拾い目し、輪編みで裏編み1段、表編み10段

つなぎ方

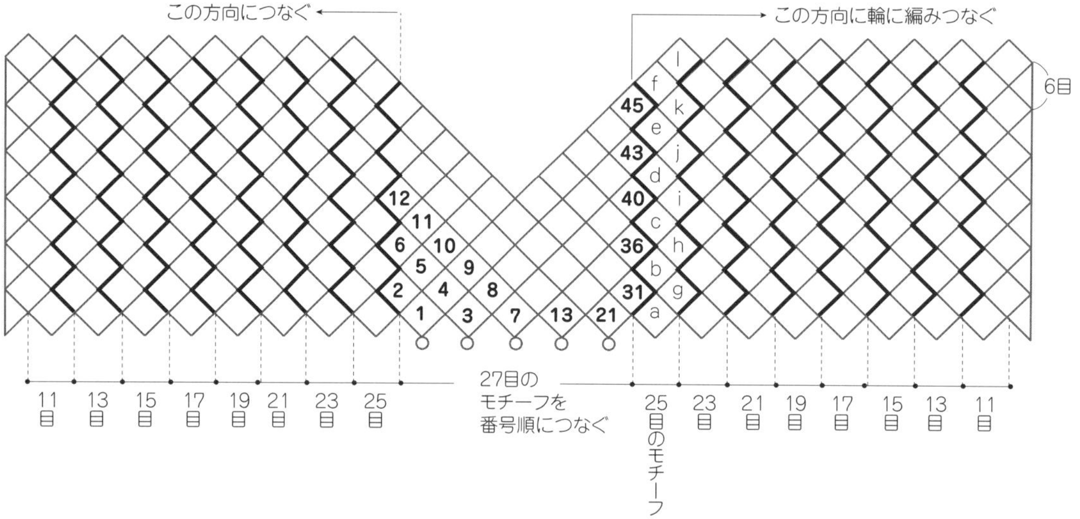

この方向につなぐ
この方向に輪に編みつなぐ
6目
12
11
6
10
5
9
2
4
8
1
3
7
13
21
45
43
40
36
31
f
e
d
c
b
a
l
k
j
i
h
g
11目
13目
15目
17目
19目
21目
23目
25目
27目のモチーフを番号順につなぐ
25目のモチーフ
23目
21目
19目
17目
15目
13目
11目

27目のモチーフのつなぎ方

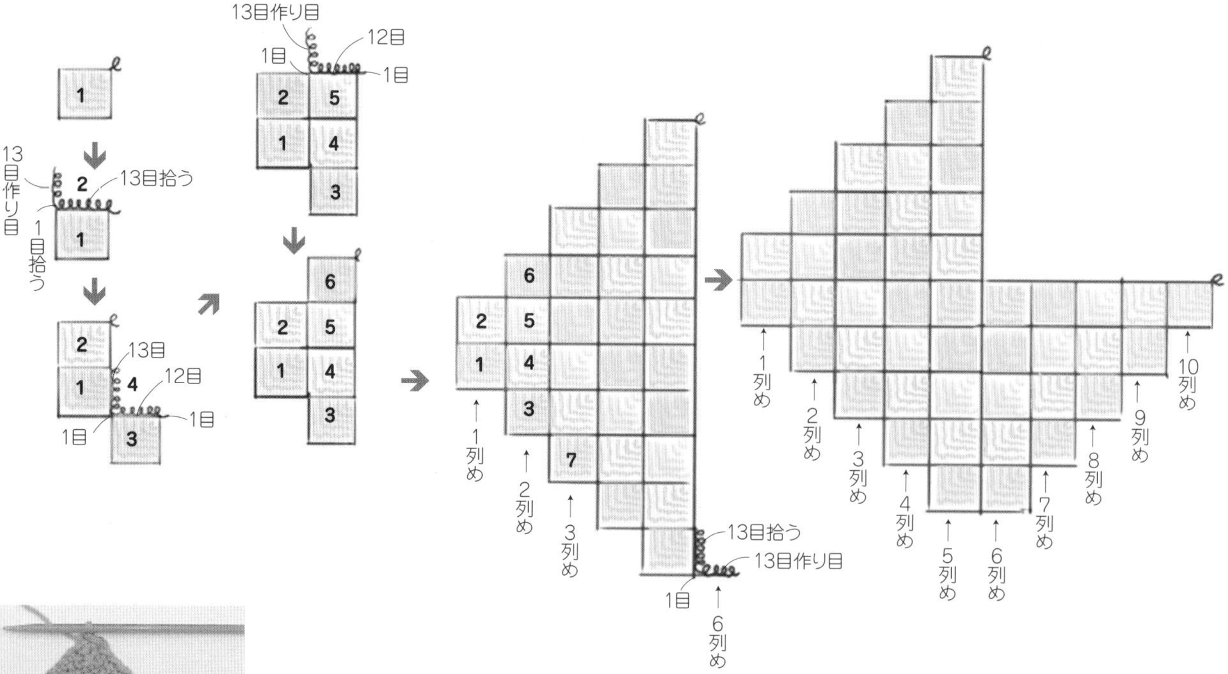

13目作り目
13目拾う
1目拾う
13目
12目
1目
1目
1列め
2列め
3列め
4列め
5列め
6列め
7列め
8列め
9列め
10列め
13目拾う
13目作り目

25目のモチーフ以降のつなぎ方

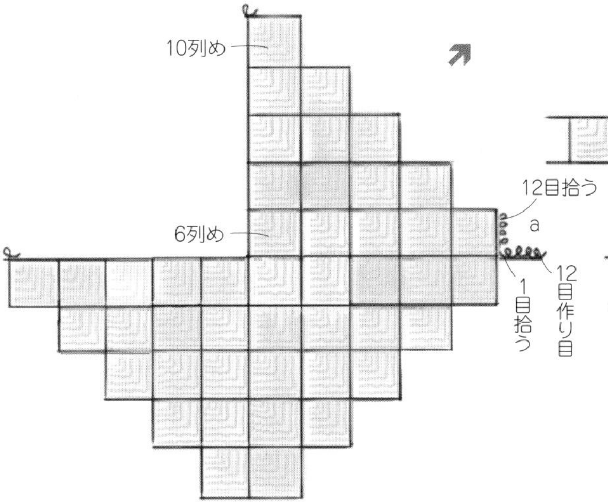

10列め
6列め
12目拾う
a
1目拾う
12目作り目

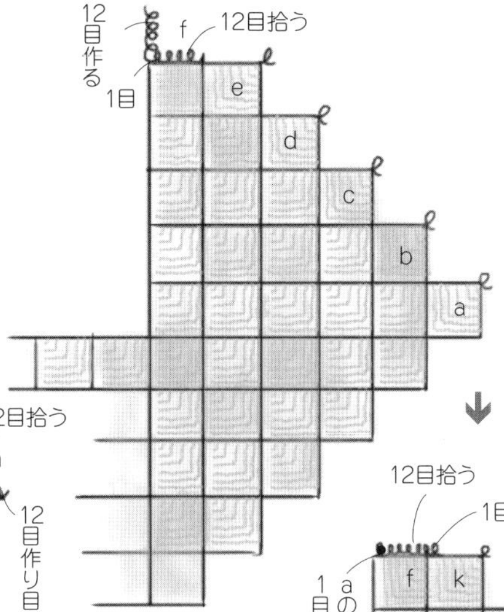

12目作る
1目
f
12目拾う
e
d
c
b
a

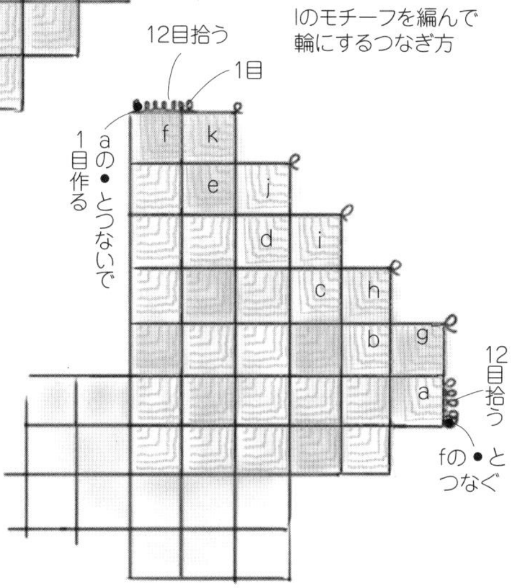

lのモチーフを編んで輪にするつなぎ方
12目拾う
1目
aの●とつないで1目作る
f
k
e
j
d
i
c
h
b
g
a
12目拾う
fの●とつなぐ

モチーフlを編む

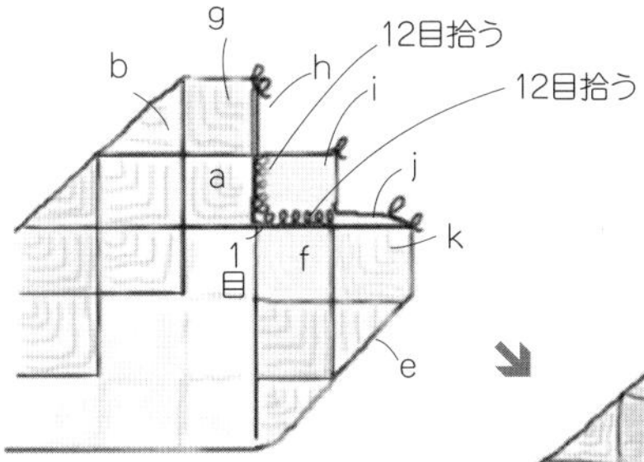

g
b
h
12目拾う
i
12目拾う
a
j
k
1目
f
e

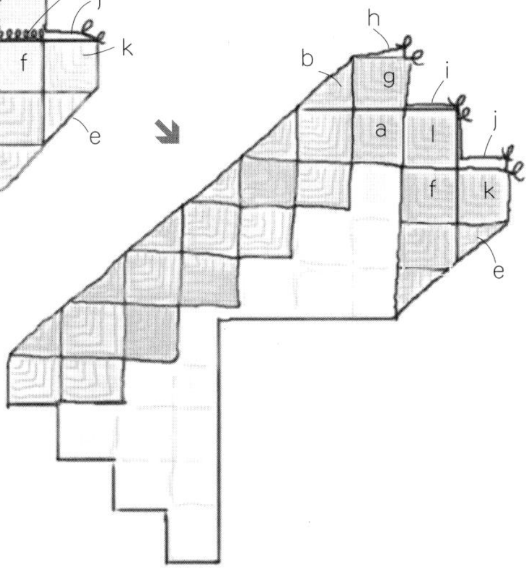

h
b
g
i
j
a
l
f
k
e

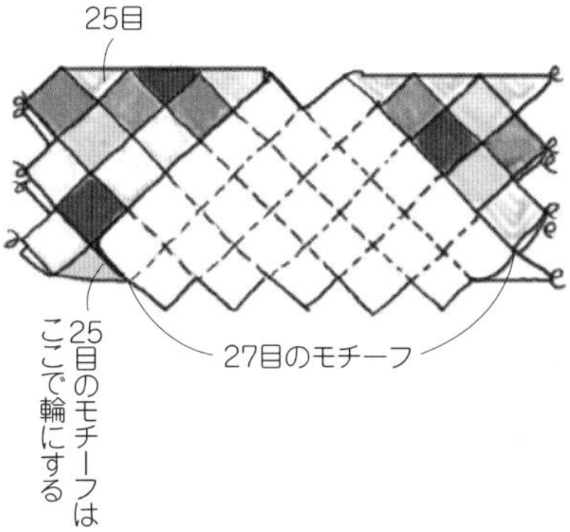

25目
25目のモチーフはここで輪にする
27目のモチーフ

Cap ☞ *P.31*

スクエアキャップ

Motif NO.1

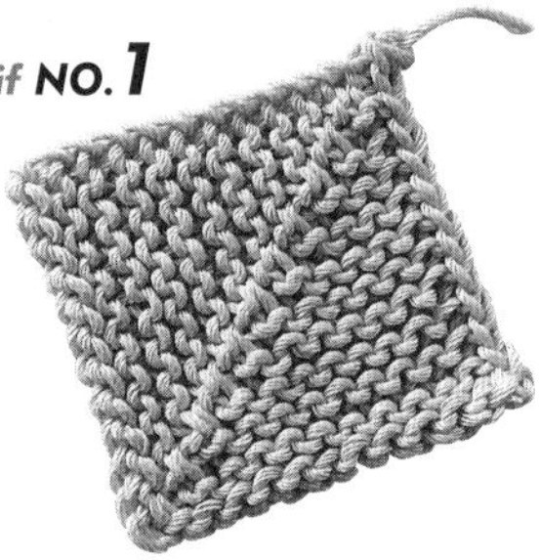

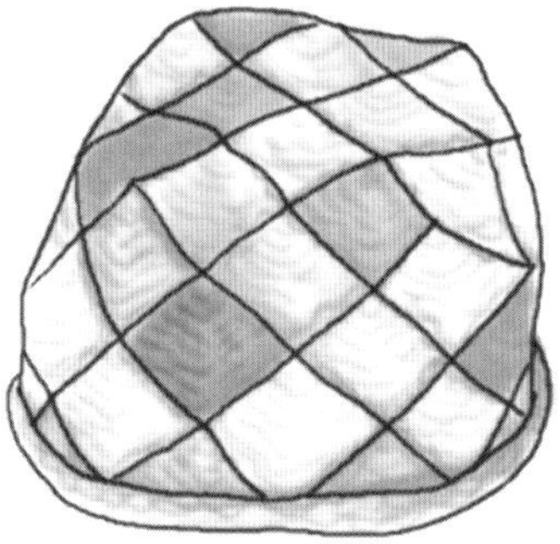

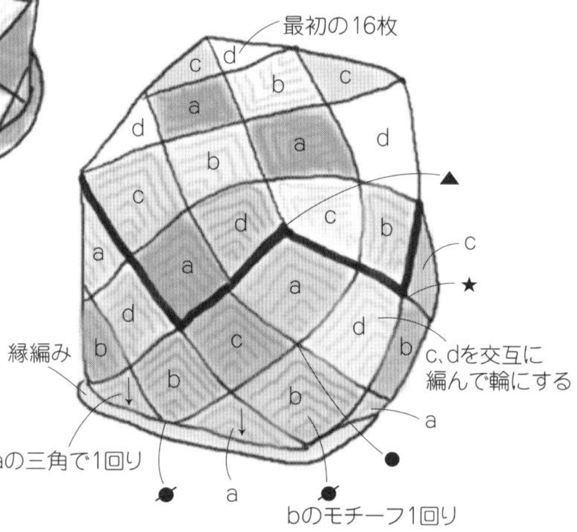

最初の16枚
c,dを交互に
編んで輪にする
縁編み
aの三角で1回り
bのモチーフ1回り

◆材料

モヘア　灰緑(33)15g、濃いベージュ(92)15g、砂色(90)10g、ピンク(62)10g

◆用具

3号棒針

◆モチーフ

使用モチーフ：NO.1

目数：21目

モチーフサイズ：4.7cm角

◆作り方

＊50ページのバスケットと同じ編み方にする。

＊最後は三角に編み、目を88目拾って輪にし、10段表メリヤス編みをして伏止めにする。

製図

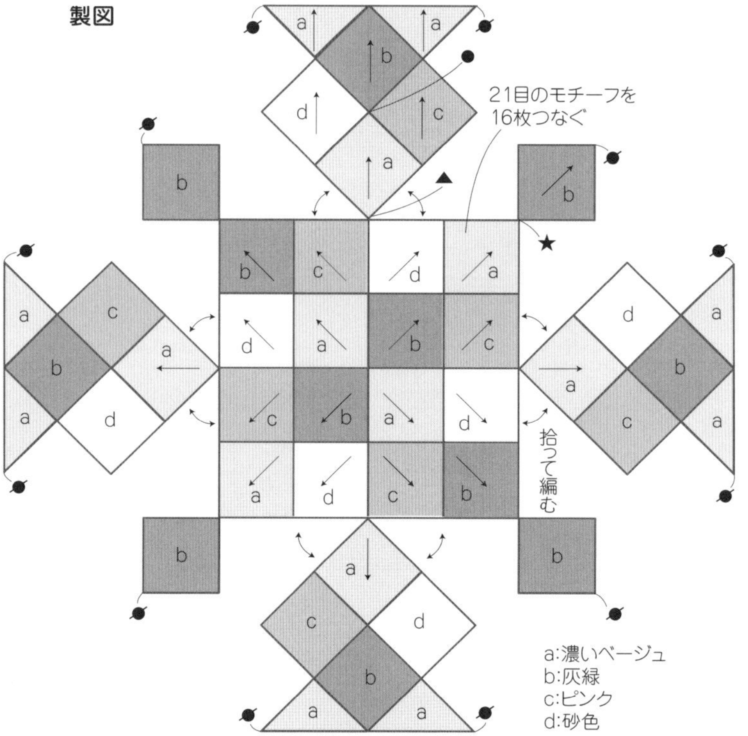

21目のモチーフを
16枚つなぐ
拾って編む
a:濃いベージュ
b:灰緑
c:ピンク
d:砂色

縁編み

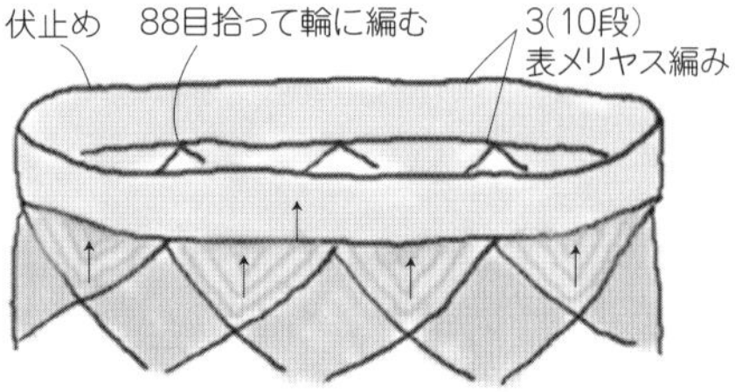

伏止め
88目拾って輪に編む
3(10段)
表メリヤス編み

Finish!

モチーフの編み方

この本で使用したモチーフの編み方図です。編み図に従って編めば、四角のモチーフになります。
編み図に慣れた人には便利な図です。

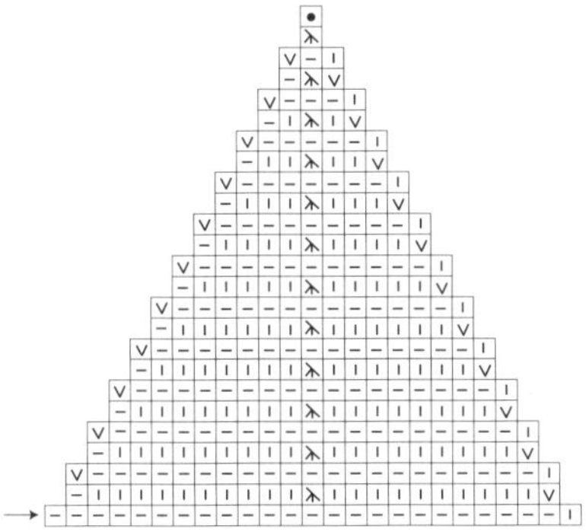

NO.1 基本モチーフ

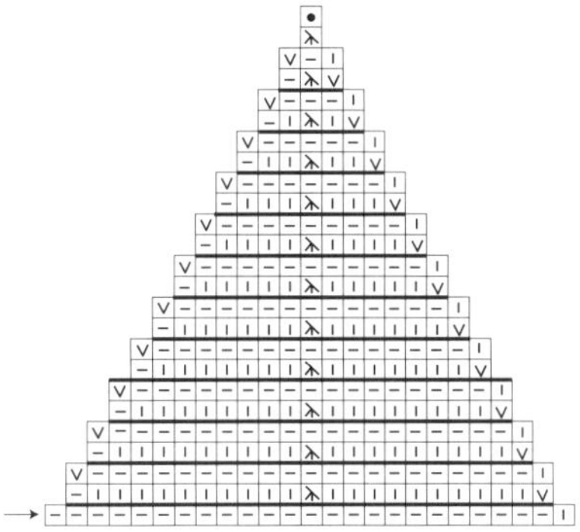

NO.2 ストライプ

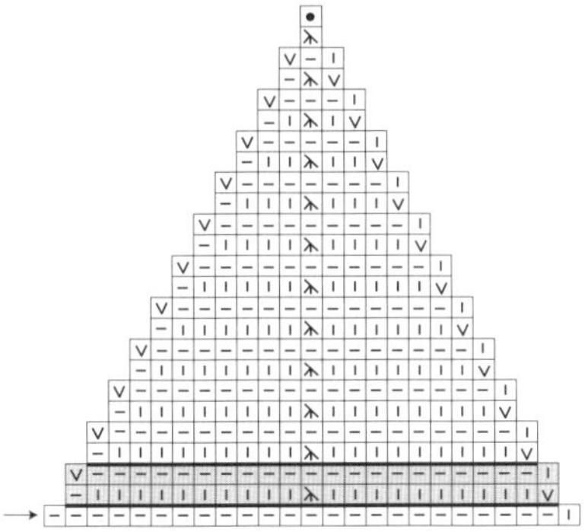

NO.3 ワンストライプ

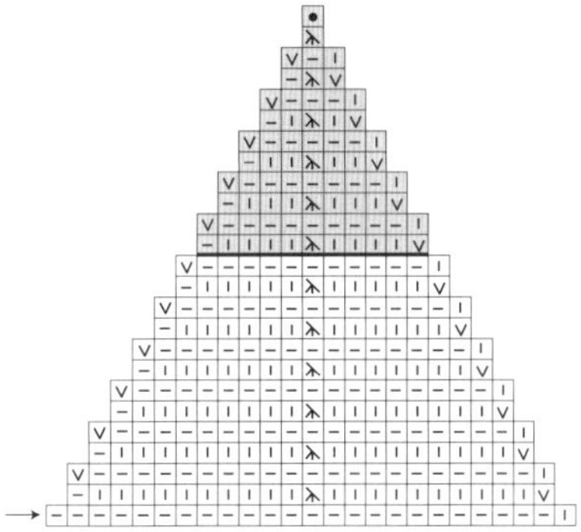

NO.5 ポルカドット

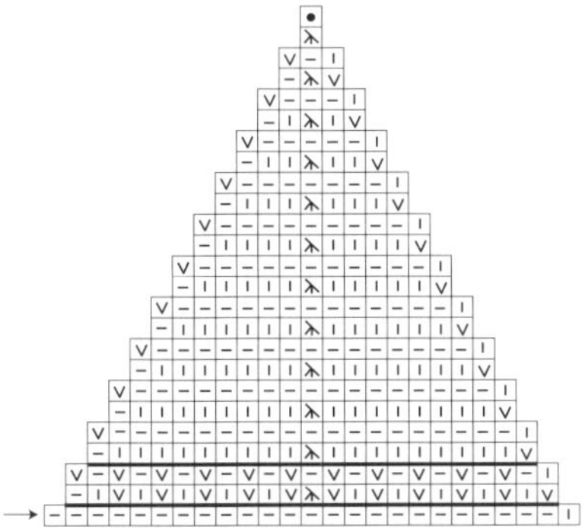

NO.6 引上げ柄

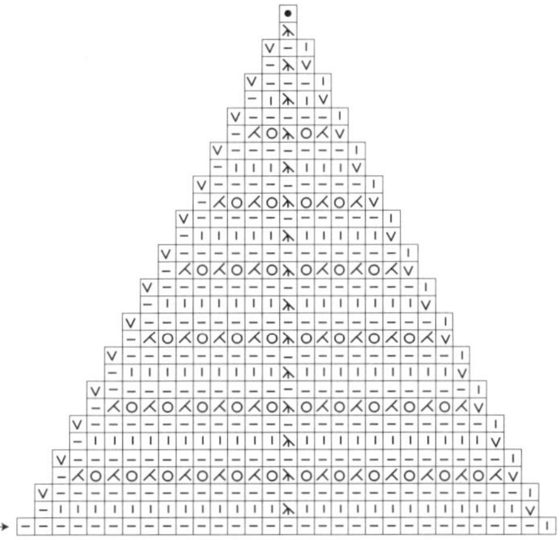

NO.7 レース

Knitting Basics
基礎の編み方

この本で使われている編み方です。作り方ページと合わせてご覧ください。

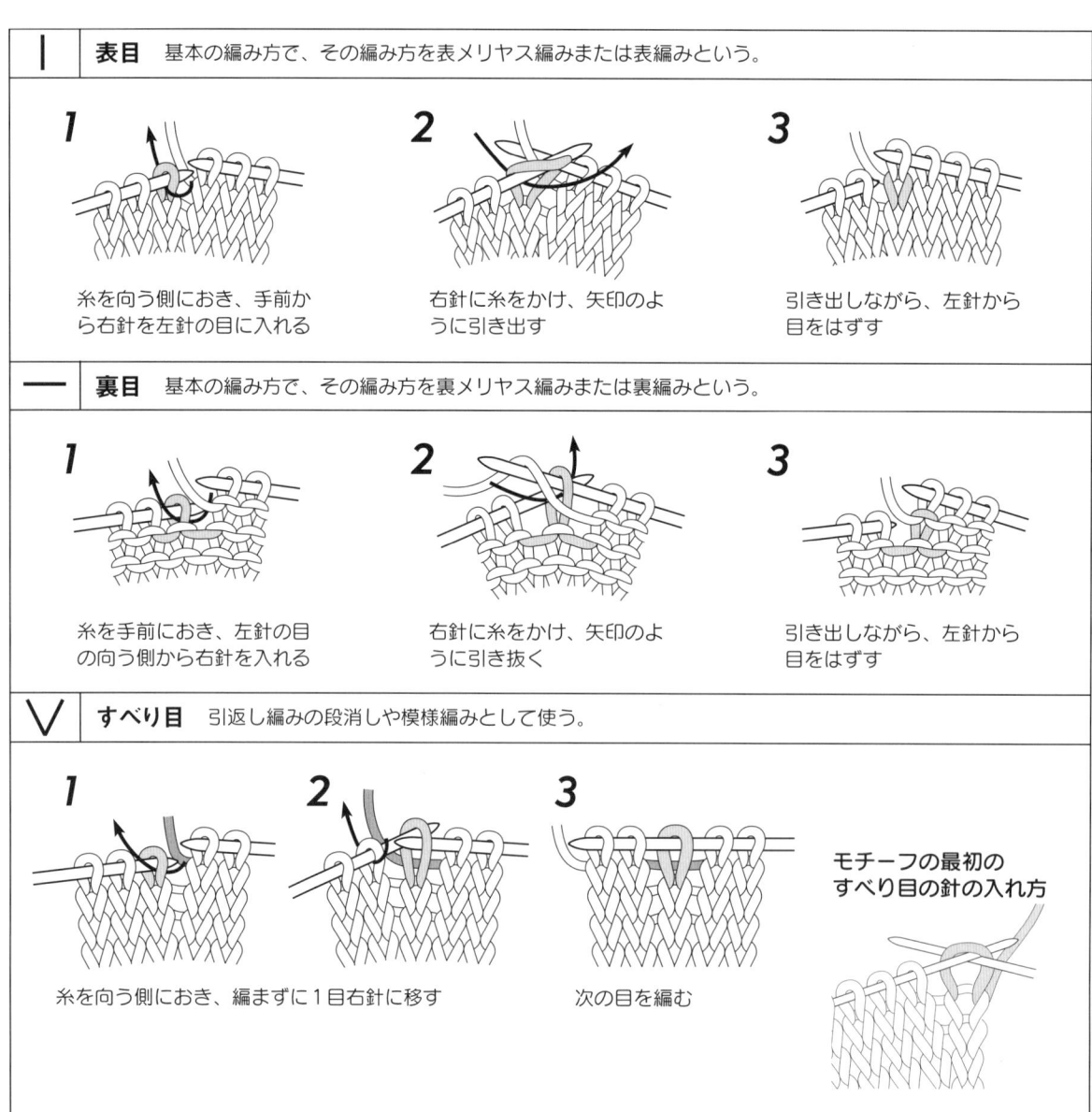

| **表目** 基本の編み方で、その編み方を表メリヤス編みまたは表編みという。

1

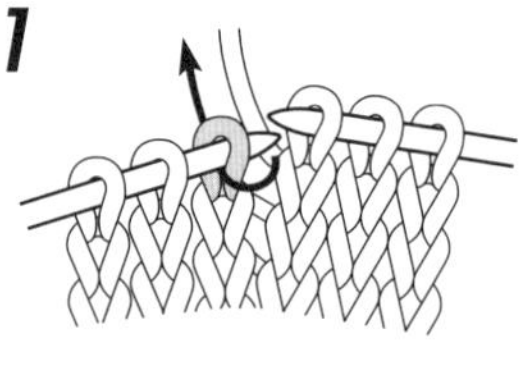

糸を向う側におき、手前から右針を左針の目に入れる

2

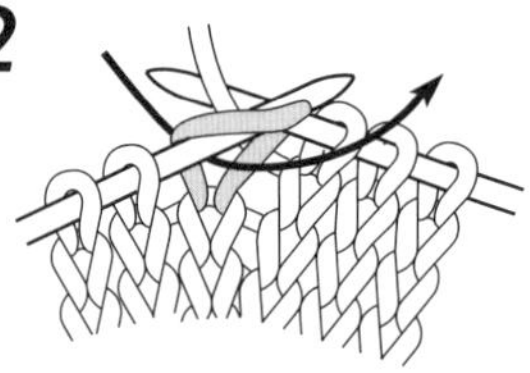

右針に糸をかけ、矢印のように引き出す

3

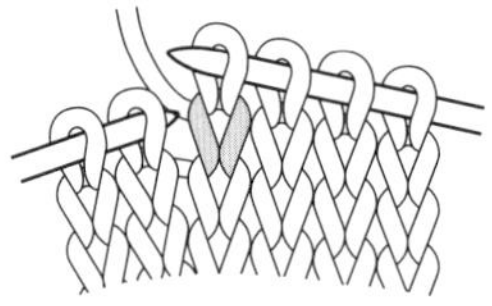

引き出しながら、左針から目をはずす

— **裏目** 基本の編み方で、その編み方を裏メリヤス編みまたは裏編みという。

1

糸を手前におき、左針の目の向う側から右針を入れる

2

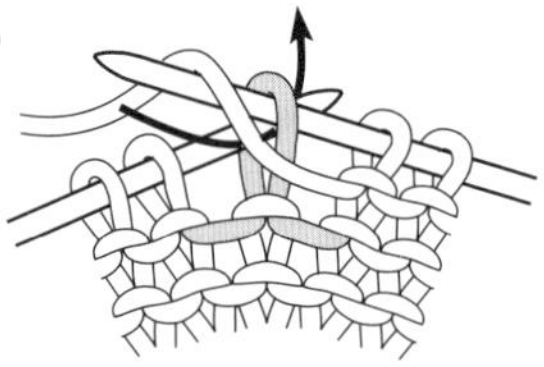

右針に糸をかけ、矢印のように引き抜く

3

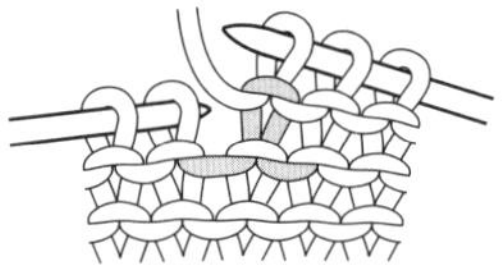

引き出しながら、左針から目をはずす

V **すべり目** 引返し編みの段消しや模様編みとして使う。

1

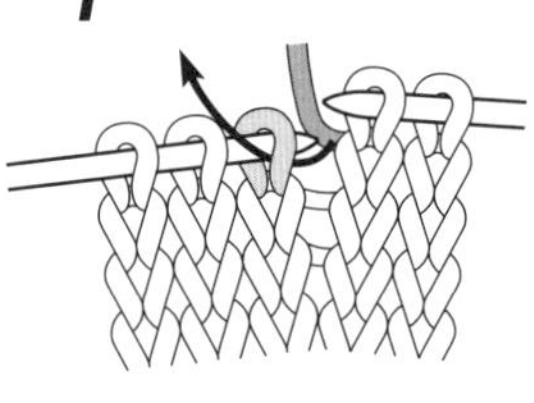

2

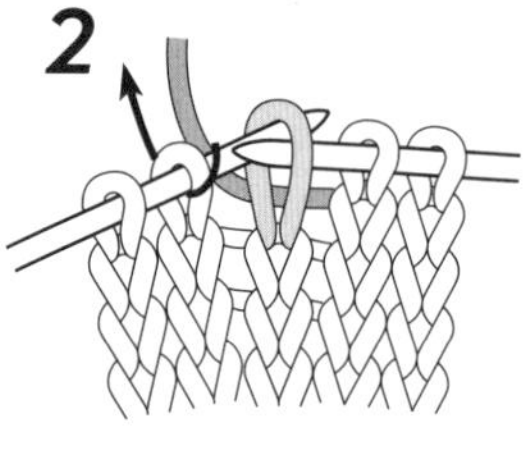

糸を向う側におき、編まずに1目右針に移す

3

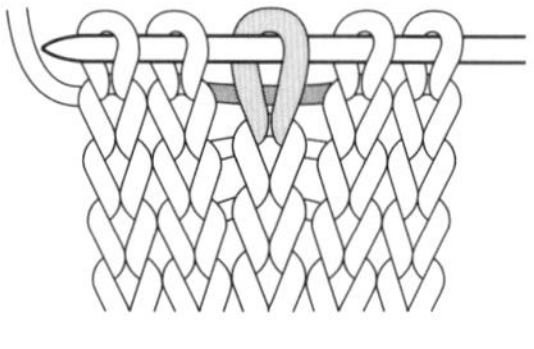

次の目を編む

モチーフの最初のすべり目の針の入れ方

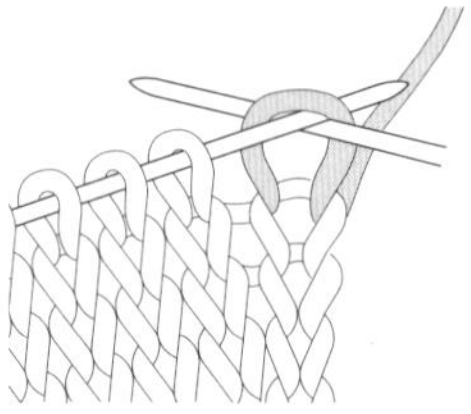

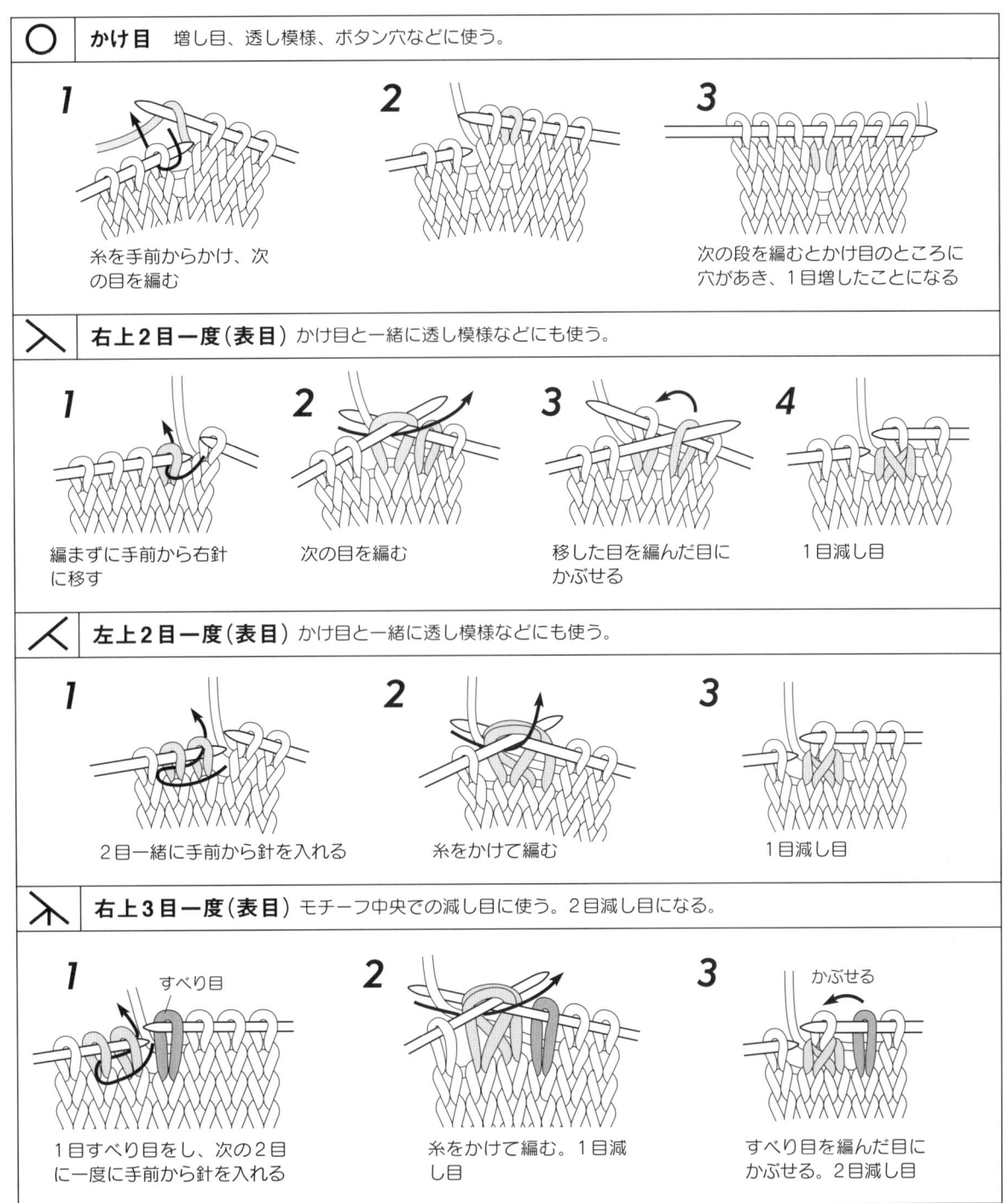

 **かけ目**　増し目、透し模様、ボタン穴などに使う。

1

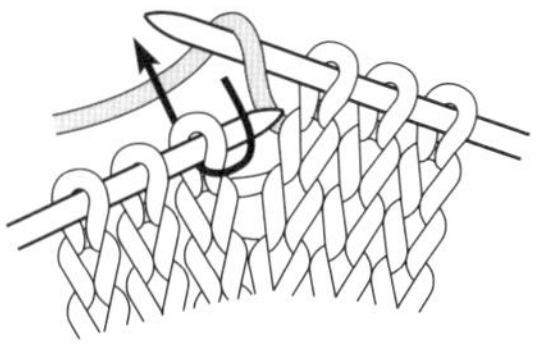

糸を手前からかけ、次の目を編む

2

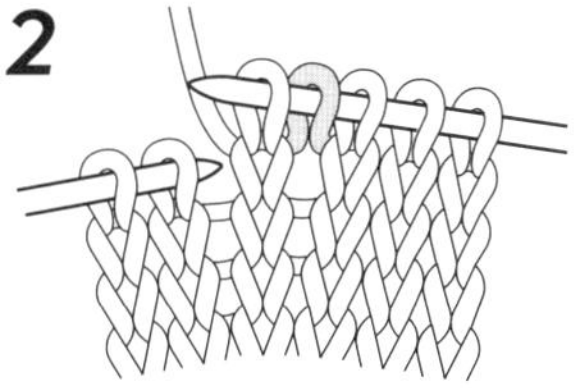

3

次の段を編むとかけ目のところに穴があき、1目増したことになる

 **右上2目一度（表目）** かけ目と一緒に透し模様などにも使う。

1

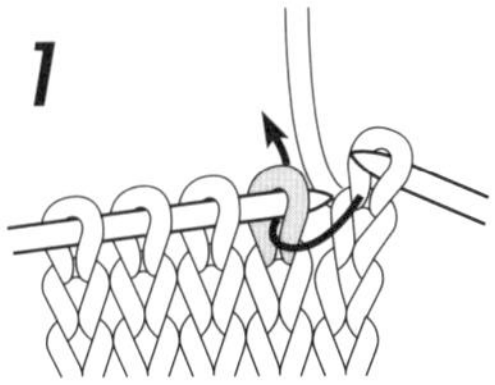

編まずに手前から右針に移す

2

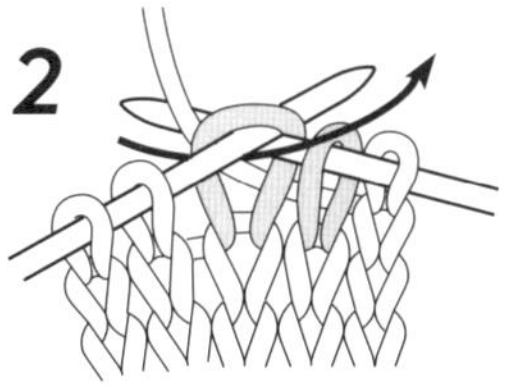

次の目を編む

3

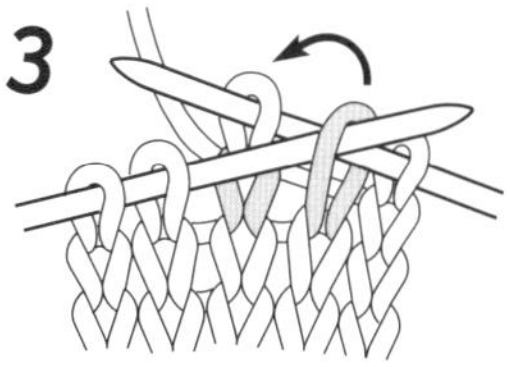

移した目を編んだ目にかぶせる

4

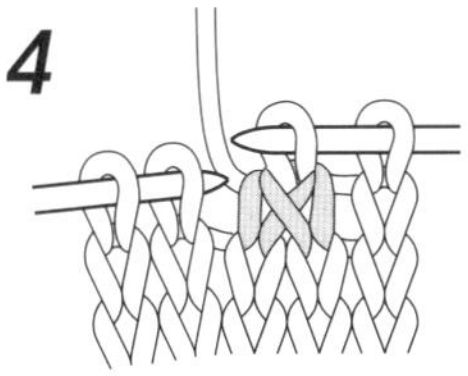

1目減し目

 **左上2目一度（表目）** かけ目と一緒に透し模様などにも使う。

1

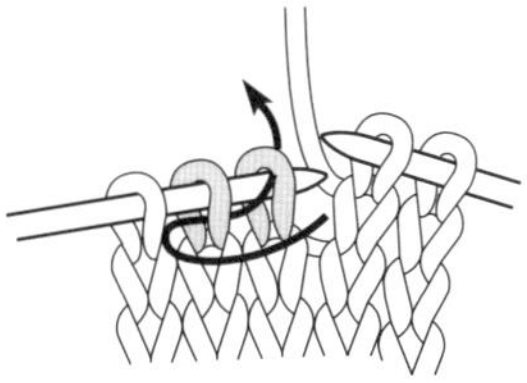

2目一緒に手前から針を入れる

2

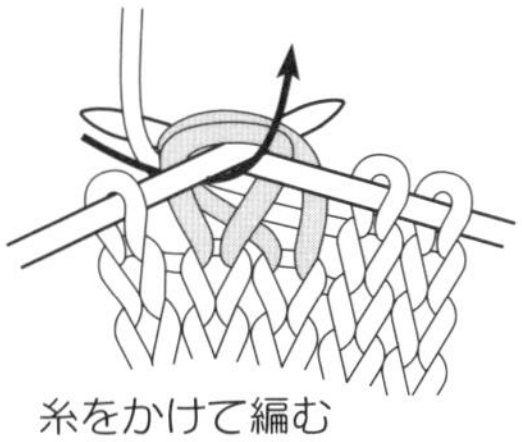

糸をかけて編む

3

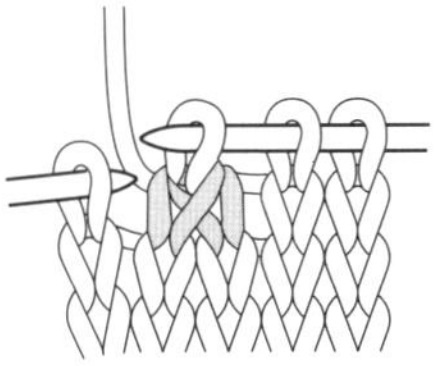

1目減し目

 **右上3目一度（表目）** モチーフ中央での減し目に使う。2目減し目になる。

1

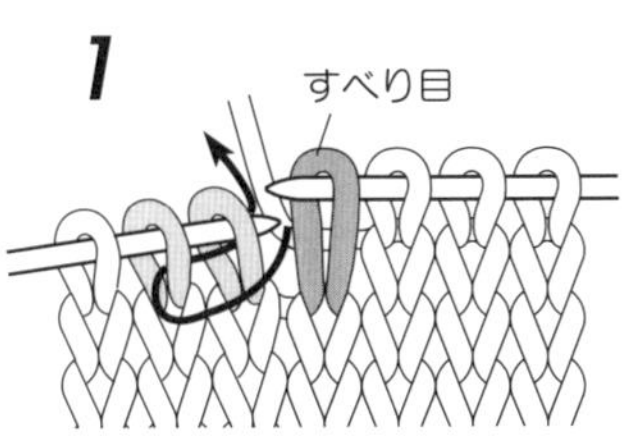
すべり目

1目すべり目をし、次の2目に一度に手前から針を入れる

2

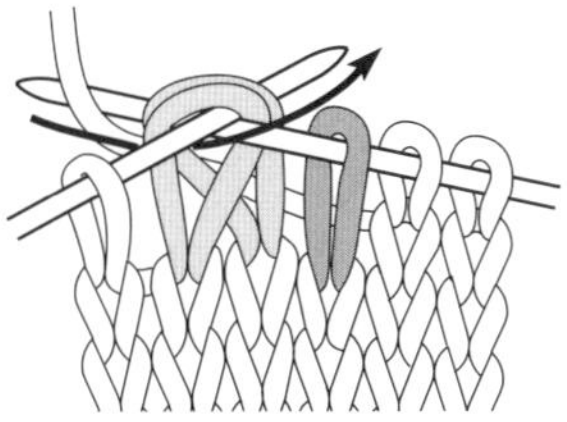

糸をかけて編む。1目減し目

3

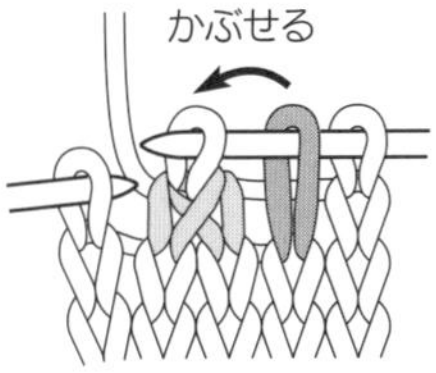
かぶせる

すべり目を編んだ目にかぶせる。2目減し目

伏止め

編みながら止める方法

1

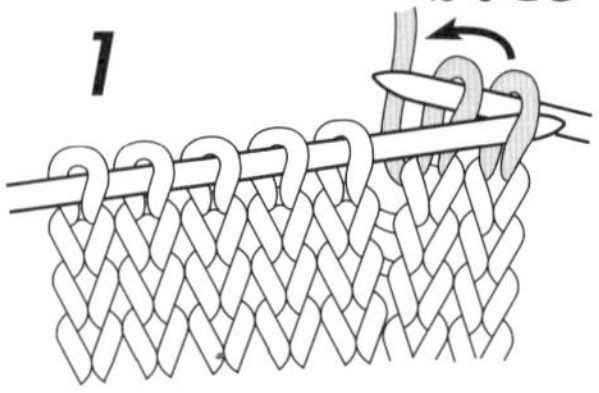
かぶせる

端の２目を表編みし、端の目を２目めにかぶせる

2

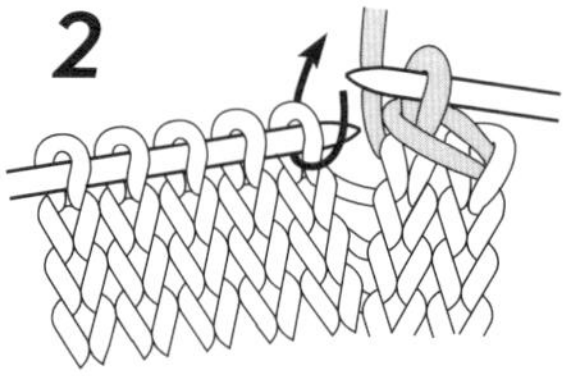

次の目を表編みする

3

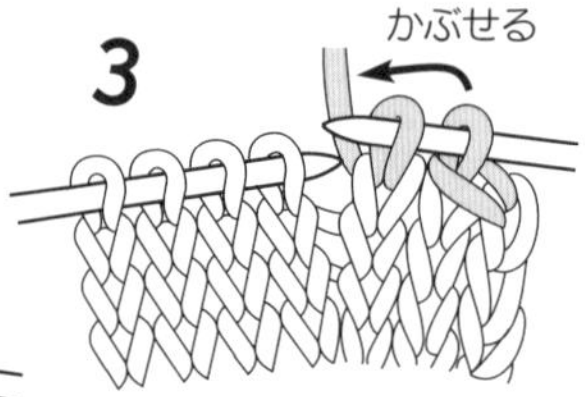
かぶせる

表編み、かぶせる、を繰り返す

4

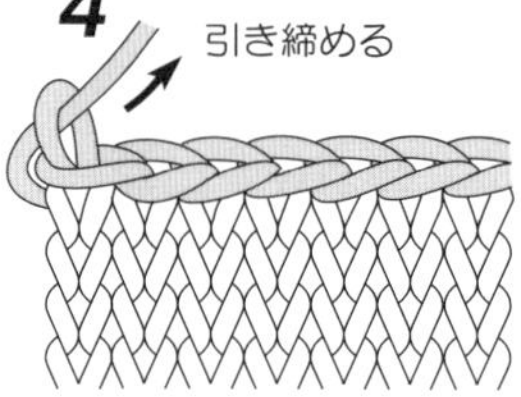
引き締める

最後の目に糸端を通して目を引き締める

かぎ針で止める方法

1

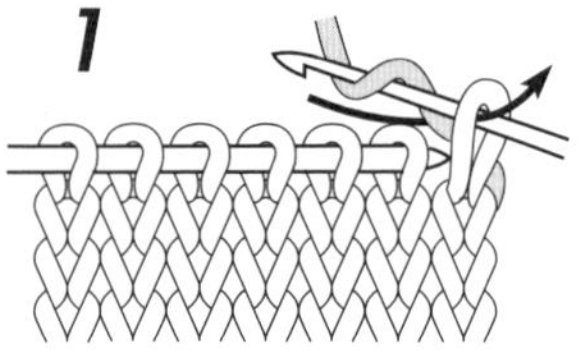

端の目にかぎ針を入れ、糸をかけて引き抜く

2

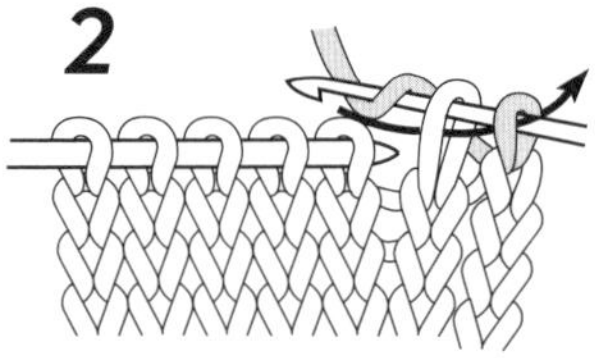

引き抜いた目と次の目をさらに一緒に引き抜く

3

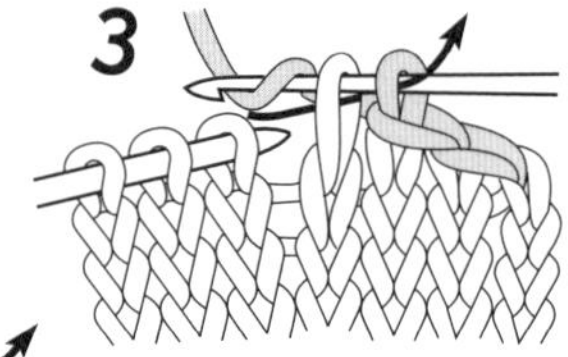

これを繰り返す

4

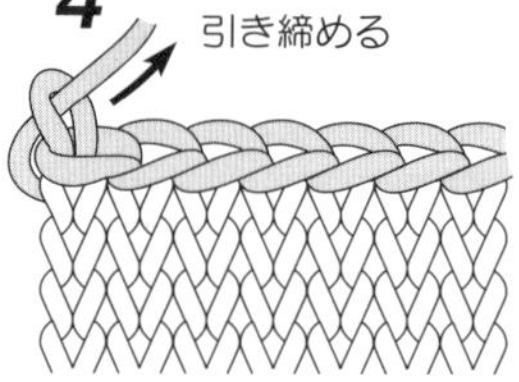
引き締める

最後の目に糸を通して目を引き締める

拾い目

作り目から拾う場合

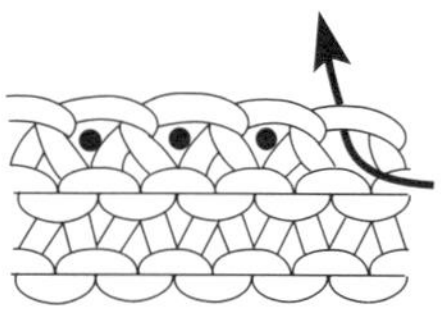

ループ１本に針を差し込む

ガーターの段から拾う場合

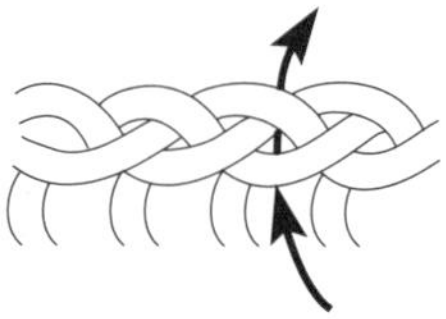

ループ２本をすくう

Abbreviations
英文の省略表記について

プロセスページの英文に使われている省略表記の読み方です。
これを覚えておくと、洋書のニット本を読むのに役立ちます。

st = stitch(es)　編み目
k = knit　表メリヤス編み
p = purl　裏メリヤス編み
kwise = knitwise　表メリヤス編みの方法で
pwise = purlwise　裏メリヤス編みの方法で
sl = slip　すべり目
CO = cast on　作り目
K-CO = knitted cast on　編んで作る作り目
k2tog = knit 2 sts together　2目一度
psso = pass slipped st over　かぶせ目
RS = right side　表側(面)
WS = wrong side　裏側(面)
yo = yarn over　かけ目
wyib = with yarn in back　糸を後ろ(裏)に渡す
wyif = with yarn in front　糸を前に渡す
rem = remain(ing)　そのままにして、そのまま残して
cont = continue　続ける
pg = page　ページ

Sizes of Knitting Needles
編み針の太さの表示について

編み針の太さの表示は国によって違います。
日本とアメリカは同じ号数表示、
イギリス以外のヨーロッパはmm表示、
イギリスは太いほうが小さい数字になる号数表示です。
下記の表を参照してください。

JPA & US(no.)	Metric(mm)	UK(no.)
1	$2^1/_4$	13
2	$2^3/_4$	12
3	$3^1/_4$	10
4	$3^1/_2$	
5	$3^3/_4$	9
6	4	8
7	$4^1/_2$	7
8	5	6
9	$5^1/_2$	5
10	6	4

Vivian Høxbro
ヴィヴィアン　ホクスブロ

若くして結婚し、子どもを育てるうちに保母の仕事に興味を持ち、
改めて資格をとって、10年間幼稚園の先生をしていた。
その後ニットに興味を持ち、この10年ぐらいはニットデザイナーとして活躍している。
ご主人がコンピューターの仕事にかかわっていることもあり、デザインはすべてコンピューターを使って行なっている。
彼女の作品キットはニットショップで人気のものばかり。3人の孫のために作った作品もたくさんある。
http://www.viv.dk/

林ことみ
簡単に作れる子ども服の本（『マンガ de ソーイング』のシリーズなど）を主に作っているが、
子どものころからニットが好きで、デンマークニット協会主催の第1回のニットシンポジウム（2000年）に参加して
ドミノ編みに出会い、ヴィヴィアン先生と協力してこの本を作るに至った。
http://www.myneedlework.net/

装丁、レイアウト　岡山とも子
撮影　南雲保夫
トレース　day studio/satomi d.+yun.o
ニット製作　針生典子、林ことみ（プロセスページ）
翻訳　小沢真由美　　協力　由紀パリス、白田麻子
編集協力　室野明代

糸提供　ハマナカ株式会社　京都市右京区花園薮の下町2-3　tel.075-463-5151
東京都中央区日本橋浜町1-11-10　tel.03-3864-5151
撮影協力　スウェーデンハウス　東京都世田谷区太子堂4-1-1　tel.03-5430-7620

ヴィヴィアンの楽しいドミノ編み

2001年8月19日　第1刷発行
2006年9月8日　第8刷発行
著　者　ヴィヴィアン・ホクスブロ
発行者　大沼　淳
発行所　文化出版局
〒151-8524　東京都渋谷区代々木3-22-7
tel.03-3299-2487（編集）　tel.03-3299-2540（営業）
印刷所　株式会社文化カラー印刷
製本所　株式会社明泉堂